일상에서 만난 언약

일상에서 만난 언약

© 생명의말씀사 2025

2025년 2월 10일 1판 1쇄 발행

펴낸이 | 김창영
펴낸곳 | 생명의말씀사

등록 | 1962. 1. 10. No.300-1962-1
주소 | 서울시 종로구 경희궁1길 6 (03176)
전화 | 02)738-6555(본사) · 02)3159-7979(영업)
팩스 | 02)739-3824(본사) · 080-022-8585(영업)

지은이 | 서창희

기획편집 | 서정희, 김자윤
디자인 | 김혜진
인쇄 | 영진문원
제본 | 다온바인텍

ISBN 978-89-04-16905-4 (03230)

저작권자의 허락 없이 이 책의 일부 또는 전체를
무단 복제, 전재, 발췌하면 저작권법에 의해 처벌을 받습니다.

• 표지와 내지에 [Mapo 금빛나루] 서체 사용

일상에서 만난 언약

오늘 내가 붙잡아야 할 하나님의 약속

서창희 지음

생명의말씀사

차례

추천사 · 6
들어가는 말 · 9

1 **[구속언약]** 내 삶은 플랜 B가 아니다 · 17

2 **[행위언약]** 그분의 행위를 의지한다 · 43

3 **[은혜언약]** 부분적 성취는 언제나 있다 · 65

4 **[노아언약]** 무조건 다시 봄이 온다 · 93

5 **[아브라함언약]** 모든 시작은 하나님께 있다 · 119

6 **[모세언약]** 필연적인 실패를 포함한다 · 151

7 **[다윗언약]** 왕의 다스림 속에 거한다 · 177

8 **[새언약]** 하나님이 다 하신다 · 207

주 · 231

추천사

언약에 대한 바른 이해를 가지는 것은 매우 중요합니다

신구약 성경은 하나님께서 사람들과 맺으신 언약의 책입니다. 영어로 신구약을 Old Testament and New Testament라고 하는데, 이는 옛 언약과 새언약이라는 의미를 담고 있습니다. 이처럼 책명에서부터 성경은 언약과 약속의 책임을 분명히 해 줍니다. 일상적으로 언약이라는 말보다는 약속이나 계약이라는 표현이 훨씬 더 많이 사용되고 있지만, 내용적으로는 성경의 언약 사상과 무관하지 않다는 것을 알게 됩니다. 이처럼 성경의 핵심 사상이자, 우리 일상의 중요한 관계에서도 효력을 미치는 언약에 대해 바른 이해를 가지는 것은 매우 중요합니다. 하지만 성경의 언약에 대해 일반 그리스도인들은 체계적인 공부를 할 기회가 별로 없는 것 같습니다. 이번에 서창희 목사에 의해 『일상에서 만난 언약』이 집필, 출간되게 된 것은 매우 환영할 만한 일입니다. 성경에는 행위언약, 구속언약, 은혜언약 등이 있고 노아언약, 아브라함언약, 다윗언약 등도 존재하고 있는데, 각 언약에 대하여 교리적인 해설뿐 아니라 일상의 언어로 예증 되고 쉽게 설명되고 있는 것이 바로 본서의 특징이기 때문입니다.

대학을 졸업한 후 포스코에서 직장 생활을 하다가 복음 사역자가 되도록 소명을 받고 총신대학교 신학대학원에 입학하여 매우 열심히 공부했던 제자가 신대원 시절에 이미 개척 목회를 시작했을 뿐 아니라 졸업한 후 6년 사이에 양서를 여러 권 출간하여 많은 그리스도인 독자에게 좋은 영향을 미쳐오고 있습니다. 이번에도 한자리에 앉아 즐거이 읽을 수 있는 언약 교리 일상편을 출간하게 된 것을 기쁘게 생각하며 모든 이들에게 권독하는 바입니다.

이상웅(총신대학교 신학대학원 조직신학과 교수)

세상의 불확실함에서 벗어나 천국의 확고함을 사모하세요

세상은 불확실성으로 가득 차 있습니다. 무엇하나 믿을 수 없고 의지할 수 없는 곳이 세상입니다. 그런 세상에서 유일하게 확실하며 영원히 변하지 않는 것은 하나님의 약속 곧 언약입니다. 이 책은 하나님의 부동하시며 영원한 그 언약들을 보여줍니다. 세상의 불확실함에서 벗어나 천국의 확고함을 사모하는 모든 성도들에게 일독을 권합니다.

성수민(삼일교회 부목사, 〈삶으로 담아내는 교리〉 강사)

언약은 우리의 일상에서 여전히 성취되고 있습니다

많은 그리스도인이 성경에 기록된 하나님의 언약을 마치 아브라함과 노아, 모세와 다윗 같은 성경 속 인물들에게만 성취된 과거의 이야기로 여기는 것을 볼 때가 있습니다. 아직 자신의 인생 가운데 약속하신 하나님의 언약을 발견하지 못한 그리스도인들에게 이 책을 강력 추천합니다. 이 책은 하나님의 언약을 자신의 삶 속에서 제한하며 살아가고 있는 그리스도인들에게 철저히 말씀을 중심으로 우리의 일상에도 여전히 그분의 언약이 성취되고 있다는 것을 쉽지만, 강력하게 발견할 수 있도록 도와주는 길잡이가 될 것입니다.

신용운(제이어스 미니스트리 예배인도자)

들어가는 말

그때그때 다르지

대학생 시절, 여러 선배로부터 '약속의 말씀'을 붙들고 기도하라고 들어온 나는 성경의 다양한 약속에 관심을 가질 수밖에 없었다. 처음엔 성경에 좋은 약속만 있는 줄 알았고, 그래서 내 마음이 가는 말씀들을 품고 열심히 기도했다. 예를 들면 이런 것들이었다.

네가 네 하나님 여호와의 말씀을 청종하면 이 모든 복이 네게 임하며 네게 이르리니 성읍에서도 복을 받고 들에서도 복을 받을 것이며 네 몸의 자녀와 네 토지의 소산과 네 짐승의 새끼와 소와 양의 새끼가 복을 받을 것이며(신 28:2-4).

성경에 복된 말씀이 참 많음을 감사히 여기며 하나님이

주실 복을 기대했다. 물론 스스로가 충만했을 때는 그런 기대가 통했다. 그러나 나 자신을 인정하기 싫을 정도로 실패하며 넘어졌을 때, QT를 하며 읽었던 하나님의 또 다른 약속은 내 마음속에 불안을 일으켰다.

네가 만일 네 하나님 여호와의 말씀을 순종하지 아니하여 내가 오늘 네게 명령하는 그의 모든 명령과 규례를 지켜 행하지 아니하면 이 모든 저주가 네게 임하며 네게 이를 것이니 네가 성읍에서도 저주를 받으며 들에서도 저주를 받을 것이요(신 28:15-16).

내 인생에 순종과 불순종이 섞여 있다면, 오늘 내 삶에는 두 가지 약속 중에 어떤 약속이 실행될까? 어제 잘못했던 그 일은 과연 하나님이 저주를 실행하실 만한 일일까? 불안했던 나는 섬기는 교회 담당 목사님께 가서 성경 안의 약속이 충돌되는 것을 어떻게 해석해야 하는지 여쭤보았다. 목사님께서는 "그건 그때그때 다르지"라고 말씀하고 도망가셨다. 때마다 어떻게 다른 것인지는 설명을 듣지 못했다. 그렇다면 나의 오늘은 도대체 저주받을 때인가 복을 받을 때인가? 내 삶은 지금 축복의 약속이 실행되는 것인가 아니면 그 반대인가?

내게 약속되어 있는 일

사람은 약속을 통해 살아갈 소망을 갖는다. 우리 교회에 매주 지각하는 청년이 있었다. 나는 그의 게으름을 고쳐주고 싶었는데, 그러다 함께 해외 선교를 떠나게 되었다. 출발을 위해 대원들이 공항에 일찍 모여야 했다. 그런데 그 청년이 새벽 5시에 이미 공항에 도착해 나를 기다리고 있는 게 아닌가! 어떻게 이렇게 일찍 나왔냐고 물으니, 오늘 해외로 떠난다는 생각에 눈이 저절로 떠졌다는 것이었다. 그 게으르던 청년이 잠을 이겼다. 당장 내일 내 삶에 특별한 일이 예정되어 있다고 믿으면, 오늘의 삶이 움직인다. 사람은 약속된 일에 대한 기대를 먹고산다.

인생도 마찬가지다. 내 삶의 모든 여정 속에 무엇이 약속되어 있는지 믿느냐에 따라, 오늘의 삶을 대하는 태도도 달라지게 된다. 우리 교회에는 학교 교사로 근무하는 청년들이 많다. 요즘은 미래를 고민하는 학생들보다 교사가 된 자신이 훨씬 더 염려가 많다고 한다.

"목사님, 제가 교대에 들어올 때만 해도 제일 공부 잘하는 친구들이 여기 왔어요. 보람 있고 안정적인 미래가 약속되어 있다고 생각했으니까요. 지금은 저보다 잘나가는 다른 친구들을 보면서 패배감을 느껴요." 교사의 권위 약화와 적은 급여 등 여러 가지 요소들이 교사라는 직업의 미래를 어둡게 만들어 버린 것이다. 아직 그런 미래가 닥친 것도 아닌데, 어두운 미래가 약속되어 있다는 전망만으로 사람은 열정을 잃어버릴 수 있다.

몇 년 전 IT 기업 애플이 곤혹스러운 해킹을 당했다. 애플 네트워크에 1년간 한 해커가 잠입해서 90GB가 넘는 개인정보 데이터를 빼내 간 것이다. FBI와 호주연방경찰이 공조 수사를 벌여 해커의 집을 급습했다. 범인으로 지목된 사람은 호주 멜버른에 사는 16살 청소년이었다. 아직 미성년자임에도 불구하고 죄질이 나빠서 구속됐다. 주변에서 왜 애플을 해킹하려고 했는지 묻자 그 청소년은 이렇게 답했다.
"저는 애플의 굉장한 팬입니다. 애플에서 너무 일하고 싶어서 이런 일을 저지르게 됐습니다."
이 친구에게는 구속된 상태에서도, 감옥에서도 버티게 만드는 살아 있는 믿음이 있었다. 자신이 선망하는 기업에서 자신을 찾으러 올 것이라는 한 가지 희망이 모든 현재를 이기게 했다.
내 삶의 현재와 미래에는 무엇이 약속되어 있는가? 이 질문은 나의 오늘을 버티게 만드는 중요한 질문이 된다.

언약신학

성경에 나타난 여러 가지 약속을 바라보는 시선을 정리해 '언약신학'(covenant theology)이라고 한다. 하나님이 하신 약속이 성경의 처음부터 끝까지 어떻게 흐르고 있는지를 연결해서 이해하려는 시도이다. 연결성을 알지 못하면, 부분의 약속을 오늘의 일상에 잘못 적용해 소망을 잃어버리거나, 과도한 기대감에 빠지게 된다. 일반 평신도에게 과도한 신학적 논의는 유익하지 않을 수 있으나, 그럼에도 불구하고 언약신학을 접해 보는 것은 두 가지 측면에서 큰 유익이 있다.

첫째로, 언약신학은 약속의 점진성을 강조한다. 점진적이라는 말은 단계가 있다는 말이다. 고등학생 아들을 둔 엄마가 식탁에 아들을 향한 쪽지를 남겨 두고 갔다. '이번 중간고사에서 수학 시험 망치면 영원히 용돈을 끊어 버릴 줄 알아!' 대답해 보라. 엄마는 수학 성적 때문에 아들을 버린 것인가? 아들을 '무조건적으로' 사랑하는 엄마가, 왜 '조건적'으로 아들을 대하는 것인가? 사랑이라면 언제나 무조건적이어야 하는 것 아닌가? 그렇지 않다. 아들을 성장시키기를 원하는 부모로서 사랑의 점진적인 과정 중에 조건적인 것처럼 보이는 일들이 필요함을 쉽게 알 수 있다. 이것이 자녀 양육의 점진적인 이해이다.

전체 엔딩을 모르는 상태에서 부분의 약속만 붙들면 내가 어느 위치에 있는 것인지 불안해진다. 게다가 잘 살고 있음에도 이유 없는 시련이 닥쳤을 때 내 삶을 긍정할 길이 없다. 언약신학은 약속을 이루어가시는 하나님이 과정 속에서, 단계 속에서 일하시는 분임을 보여 준다. 그래서 언약신학을 깊이 이해하면 중간 단계 속에서 벌어지는 일 때문에 하나님의 사랑을 오해하지 않을 수 있다.

둘째로, 언약신학은 약속의 독특성을 강조한다. 우리의 삶의 영역은 다채롭다. "하나님이 함께하신다", "하나님은 선하시다"라는 보편적인 하나님의 성품을 배우고 묵상하는 것만으로는 구체적인 상황 속에 오늘도 적용되는 하나님의 약속이 무엇인지 경험할 수 없다. 전체 약속을 이해하면서도, 개별적으로 주어진 약속들에 어떤 특징이 있는지 살펴보아야 한다. 삶에서 새로운 일을 시작할 때, 잘 가다가 크게 넘어졌을 때, 아무것도 이룬 것이 없다고 느껴질 때 그 각각에 적용하고 붙들어야 할 약속이 있다. 성경 전체 언약의 큰 그림 속에서 작은 개별적인 언약들의 속성을 알아가다 보면, 내 삶 속에서 훨씬 세밀하게 자신의 계획을 성취하고 계신 하나님의 손길을 느낄 수 있다.

오늘도 여전히 유효한 약속

하나님의 약속을 붙들고 살라는데, 도대체 그 약속이라는 것이 무엇인가? 그 약속은 오늘도 여전히 유효한 것인가? 약속과 전혀 다르게 보이는 내 현실을 어떻게 해석해야 하는가? 이 모든 질문의 대답은 언약신학을 바르게 삶 속에 적용해 내는 데에 달려 있다.

이 책은 성경 도처에 나오는 약속들이 복잡하고 혼란스러워서, 정작 오늘 무엇을 붙들고 살아갈지는 감이 잘 안 잡히는 성도들을 위한 책이다. 학문을 파고드는 사람들을 위한 책이 아니라, 삶을 파고들다가 삶에 파묻혀 버린 성도들을 위한 책이다. 목회자는 한쪽으로는 신학자들의 손을, 다른 한쪽으로는 성도들의 손을 잡고 있다. 성경 속의 약속의 보화를 캐내어 정리한 신학자들의 귀한 가르침들을 성도들의 삶에 맞게 녹이고 소화해 내어 전달해 주는 것이 목회자의 역할이다. 성경의 언약이라는 주제를 통해 성도들의 일상을 해석하고, 삶에 녹여 내는 것이 이 책이 하려는 시도이다. 독자들이 이 책을 통해 자신의 삶을 하나님이 주신 약속 안에서 다시 바라볼 수 있게 된다면, 그에 따른 기쁨은 더할 나위 없을 것이다.

곧 창세 전에 그리스도 안에서 우리를 택하사 …
예수 그리스도로 말미암아
자기의 아들들이 되게 하셨으니
엡 1:4-5

1

[구속언약]

내 삶은 플랜 B가 아니다

에베소서 1:3-6

사람이 참여하지 않은 약속

약속은 상대방이 있어야 한다. 성경 대부분의 약속은 하나님과 사람이 맺게 되는 약속이다. 그러나 성경에 있는 모든 약속이 그렇게 맺어진 것은 아니다. 성경이 보여 주는 최초의 약속은 **하나님이 하나님과** 하신 약속이다. 성부, 성자, 성령 세 위격으로 존재하시는 삼위일체 하나님은 사람과 언약을 맺으시기 전에 서로가 약속하셨다. 그것을 '구속언약'(covenant of redemption)이라 한다. 구속언약이란 **삼위일체 하나님께서 자신이 택한 자를 구원하시고, 자신의 백성으로 삼으시겠다고 서로가 작정하신 약속**을 말한다. 우리가 태어나기 전부터, 우리가 존재하기도 전부터, 하나님께서는 우리를 구원하시겠다는 약속을 하셨다.

찬송하리로다 하나님 곧 우리 주 예수 그리스도의 아버지께서 그리스도 안에서 하늘에 속한 모든 신령한 복을 우리에게 주시되 곧 **창세 전에** 그리스도 안에서 우리를 택하사 우리로 사랑 안에서 그 앞에 거룩하고 흠이 없게 하시려고 그 기쁘신 뜻대로 우리를 **예정하사** 예수 그리스도로 말미암아 자기의 아들들이 되게 하셨으니(엡 1:3-5).

'창세 전'이라는 말이 중요하다. 우리를 흠이 없게 하시려는 약속이 우리 삶에 흠이 생기기 전에 있었다. 우리를 거룩하게 하시려는 계획이 우리가 더러워지기 전에 생겼다. 우리를 구원하시려는 계획이 우리가 하나님의 뜻에 불순종하고 실패하기 전에 있었다는 말이다.

평화의 의논

성경 곳곳에서 삼위일체 하나님 사이에 서로 합의가 있었다는 것을 드러내고 있다.

그가 여호와의 전을 건축하고 영광도 얻고 그 자리에 앉아서 다스릴 것이요 또 제사장이 자기 자리에 있으리니 이

둘 사이에 평화의 의논이 있으리라 하셨다 하고(스 6:13).

이 구절을 원문에 맞게 좀 더 정확히 번역하면 의미가 명확해진다.

싹이 여호와의 전을 건축할 것이며, 왕의 영광을 얻을 것이요, 여호와의 보좌 곁에 앉아 다스릴 것이라. 또 싹이 여호와의 보좌 곁에서 제사장이 될 것이며, 여호와와 싹이 둘 사이에 평화의 의논이 있으리라[1]

여호와와 싹, 즉 위격으로 구분되시는 성부 하나님과 성자 하나님 둘 사이에 평화의 의논이 있었다는 말이다. 성경은 곳곳에서 하나님이 우리를 구원하시기 위해 위격 사이의 의논, 위격 사이에 약속하신 일이 있다는 것을 알려 주고 있다.[2]

계약, 인간의 본성

구속언약을 이해하면, 사람의 본래적인 속성이 삼위 하나님께 뿌리를 두고 있음을 알 수 있다. 삼위 하나님이 서로 약속하시는 관계임을 이해한다면, 왜 모든 사람이 계약 관계 안에서 안정감을 누리는지도 납득하게 된다.

모든 인간은 언약적인 속성을 가지고 있다. 사람은 거래나 결혼 등 무언가 중요한 결정을 내릴 때에는 언제나 상호간에 법적으로 분명한 약속을 하려는 경향이 있다. 아르바이트를 처음 시작했다고 생각해 보라. 사장님이 시급의 액수와 지급일을 명시했다. 그 말을 물론 믿는다. 그런데 혹시 잘못될지도 모른다는 불안감이 든다. 그래서 말한다.

"사장님, 혹시 계약서를 써 주실 수 있나요?" 사장은 퉁명스럽게 대답한다. "무슨 이런 아르바이트를 가지고 계약서까지 써! 제때 돈 줄 테니 걱정하지 말아요!" 분명히 걱정하지 말라고 하는데 왜 우리는 그 순간 걱정이 앞서기 시작하는가? 이 관계가 아직 계약으로, 약속으로 분명하게 보장되지 않았다는 불안함 때문이다.

왜 사람들은 이런 성향을 지니게 되었을까? 약속이라는 속성이 인간으로부터 출발한 것이 아니라, 하나님으로부터 출발한 것이기 때문이다. 약속과 계약을 좋아하는 속성이 삼위 하나님으로부터 왔음을 루이스 벌코프라는 신학자가 이렇게 표현했다.

언약 사상이 인간에게서 먼저 생겨났고 그다음에 하나님

이 자신과 인간 사이의 상호 관계를 기술하기 위한 적절한 형식으로 이것을 빌리셨음을 의미하는 건 아니다. 사실은 정반대다. 모든 언약적 삶의 원형은 하나님의 삼위일체적 존재 안에서 발견되며, 사람들 가운데서 보게 되는 것은 이 원형의 희미한 복사본일 뿐이다.

언약적 삶이 인간 사회 안에서 반영되는 것은 그것이 하나님의 삼위일체적 존재에서 흘러나오기 때문이다.[3]

삼중으로 실행되는 하나의 의지

삼위일체 하나님이 서로 약속을 만드셨다면 서로 의견 차이도 있으신 것이 아닐까? 삼위 하나님은 본질에 있어서 나뉘지 않으신다. 성부, 성자, 성령 하나님 모두 같은 의지를 가지고 계시다는 말이다. 같은 의지를 가지고 행하시지만, 각 위격은 우리를 구속하시려는 계획에서 독특한 역할을 감당하신다. 존 페스코는 이를 잘 나타내었다.

즉 삼위 하니님은 동일한 본질을 공유하지만 성부와 성자와 성령으로 존재하신다고 설명했다. 또한 하나님은 일치되게 행동하시지만, 각 위격은 구속 계획에서 구별된 역할을 하신다. 삼위일체 세 구성원 모두가 이 의지를 공유하신다. 그러나 신격의 각 구성원은 이 의지와 특유하게 관련되어 있다. 성부는 성자를 보내시며, 성자는 기꺼이 가신다. 성자가 십자가 위에서 죽으시며, 성부가 십자가 위에서 죽지 않으신다. (…) 성부는 성자와 성령을 보내시며, 성자와 성령은 보냄을 받으신다. 성부와 성자는 서로 다른 두 동전이 아니라 같은 동전의 서로 다른 면들이다.[4]

삼위 하나님께 서로 약속이 있다는 것을 알아 갈수록, 우리의 삶은 세 위격 하나님의 풍성한 활동 속에 삼중으로 보장되고 경험되는 구원을 얻게 됨을 확신할 수 있다. 그래서 존 페스코는 이를 '삼중으로 실행되는 하나의 의지'[5]라고 표현했다.

무엇이 먼저인가

구속언약의 특징은, 말은 거창한데 오늘 내 삶에 적용이 안 되는 것처럼 보인다는 것이다. 대부분의 신자들은 하나님이 우리를 사랑하신다는 사실을 이미 알고 있다. 그래서 창세 전부터 우리를 구원하시려는 계획을 세우셨다는 말이 그렇게 중요하게 다가오지 않는다. '다 아는 말' 아닌가?

핵심은 선후관계에 있다. 우리, 혹은 아담이 실패한 것이 먼저고 그 실패 때문에 어쩔 수 없이 하나님이 구원의 계획을 세우신 것이 아니다. 원래의 계획은 우리가 실패하지 않는 것이었으나, 그만 실패하는 바람에 예수님을 보내시는 추가적이고 임시적인 다른 계획을 세우신 것이 아니라는 사실이다.*

삼위 하나님은 영원 전부터 자유의지를 가진 우리가 실패할 것을 알고 계셨다. 예수님이 어쩔 수 없이 십자가에 못 박히신 것이 아니다. 영원 속에서 우리의 실패도, 십자가도, 그리고 구원도 모두 예정되어 있었다. 우리의 자유의지는 여전히 존재하며 지금도 내가 주체적으로 선택하며 살지만, 성경은 우리의 삶이 하나님의 계획 안에 영원 전부터 있었음을 동시에 말하고 있다.

이 모든 계획은 대체된 계획이 아니라 본래의 계획이다.

---

* 선택과 예정에 관한 조직신학의 여러 주제 중 하나는 '전택설'(supralapsarianism)과 '후택설'(infralapsarianism)이다. 전택설은 하나님께서 '창세 전에' 자기 백성을 먼저 택하셨고, 그 선택을 이루기 위해 아담의 타락을 허용하셨다는 주장이다. 후택설은 하나님께서 '창세 전에' 아담의 타락을 먼저 생각하시고 그다음으로 구원받을 자기 백성을 택하셨다는 주장이다. 가장 중요한 것은 두 주장 모두 '창세 전', 즉 영원 속에서 이루어진 하나님의 생각, 즉 논리적 순서를 추론하는 것이지, 역사적인 순서를 말하는 것이 아니라는 것이다. 구속언약을 전택설과 후택설의 내용과 혼돈하지 말아야 한다. 아담의 실패 전에 삼위 하나님의 구원 계획이 있었다는 것은 곧 전택설을 뜻하는 말이 아니다. 전택설과 후택설 두 가지 주장 중 무엇을 택하더라도, 택하신 백성의 삶에 펼쳐지는 모든 과정들은 하나님의 시선에서 결코 실패가 아니다.

우리의 실패가 먼저가 아니라, 하나님의 계획이 먼저였다. 우리의 넘어짐이 먼저가 아니라, 하나님의 예정이 먼저였던 것이다.

구속언약을 믿는 자의 확신 1.
내 삶은 플랜 B가 아니다

창세 전에 우리를 구원하시기로 작정하셨다는 것을 믿을 때 가장 강력하게 생기는 한 가지 확신은 무엇인가? **내 삶이 플랜 B가 아니라는 것**이다.

인생의 가장 큰 아쉬움은 지나고 나서야 진리를 깨닫게 된다는 것이다. 인생의 과거를 돌아 볼수록 내가 잘못 선택하고 결정했던 일들 때문에 오늘날 어쩔 수 없이 지금의 인생을 살고 있다는 후회를 하게 된다.

젊었을 때 좀 더 열심히 공부했다면 다른 대학, 다른 직장에 갈 수 있었을 텐데… 그때 다른 여자, 다른 남자를 만났다면 인생이 이렇게 힘들지 않았을 텐데… 그때 애를 낳을 걸, 혹은 낳지 말 걸, 퇴사를 할 걸, 투자를 할 걸… 나이가 들어갈수록 껄껄껄 하기만 하는 '껄무새' 소리가 우리의 귓가를 맴돈다. 그러나 하나님의 사람들은 확신해야 한다.

만약 하나님이 창세 전부터 아담이 최초에 실패할 것을 알고 계셨고, 그것이 어쩔 수 없는 결과가 아니라 하나님 원래의 계획이었다면, 실패를 통해서 벌어지는 내 삶도 결코 어쩔 수 없이 살아가는 삶이 아니다. 이것을 확신해야 한다.

계획은 운명이 아니다

하나님의 계획이나 예정을 이야기하면 인간적인 생각으로 운명론에 빠지는 경우가 많다. 결국 하나님이 원하시는 대로 의도되었으니, 내가 어떤 선택을 하거나 무슨 생각을 하는지는 전혀 가치가 없고, 결국 하나님이 원하시는 뜻이 이루어진다는 생각이다. 운명론에 빠지면 내가 선택하거나 순종하는 가치를 부정하기에 삶의 열정이 사라지며, 어차피 하나님의 뜻만 이루어질 것이라는 생각에 내 삶을 주체적으로 긍정할 수도 없게 된다.

성경은 사람이 주체적으로 계획하지만, 동시에 하나님이 그 모든 것을 자신의 계획 가운데 주관하심을 이야기한다.

> 사람이 마음으로 자기의 길을 계획할지라도 그의 걸음을 인도하시는 이는 여호와시니라(잠 16:9).

누구의 선택으로 요셉이 팔렸나

요셉의 이야기를 보면 실제로 인간의 선택과 하나님의 계획이 공존함을 잘 이해할 수 있다. 요셉의 형제들이 나중에 총리가 된 요셉을 만났을 때, 요셉은 자신의 과거를 이야기한다. 그는 누구 때문에 팔렸는가? 요셉은 그 주체를 분명하게 이야기한다.

> **당신들이 나를 이곳에 팔았다고 해서 근심하지 마소서** 한탄하지 마소서 하나님이 생명을 구원하시려고 나를 당신들보다 먼저 보내셨나이다(창 45:5).

형제들의 주체적인 선택 때문에 이런 일이 벌어졌다는 것이다. 그러나 요셉은 또 한 가지 주체를 말한다. 형들이 팔았지만, 동시에 하나님이 보내셨다고 설명한다.

> 그런즉 나를 이리로 보낸 이는 당신들이 아니요 **하나님이시라** 하나님이 나를 바로에게 아버지로 삼으시고 그 온 집의 주로 삼으시며 애굽 온 땅의 통치자로 삼으셨나이다(창 45:8).

주권과 책임의 공존

성경은 언제나 하나님의 주권과 인간의 책임이 동시에 공존함을 말한다. 구속언약을 믿는 신앙인이라면, 인간의 삶은 하나님 앞에서 아무것도 할 수 없다고 말하는 운명론을 배격해야 한다. 동시에, 인간의 선택으로 하나님의 일하심을 완전히 막을 수 있다고 생각하는 쪽도 배격해야 한다. D.A 카슨은 한 도표를 통해 이를 명확하게 구분했다.[6]

〈 주권성과 책임성의 한도 〉

한쪽에는 하나님의 주권이 있다. 이것만 강조하면 운명론이 된다. 다른 극단에는 인간의 책임이 있다. 책임만 강조하면 완전한 자유, 완전한 저항이 된다. 성경에서 말하는 하나님의 인도하심은 하나님의 주권과 인간의 책임이 공존하는 것이다. 우리는 하나님 앞에서 주체적으로 선택하며 순종하지만, 하나님은 자비로우셔서 그 순종과 실패, 방황과 무지함마저 활용하셔서 자신의 뜻을 주권적으로 이뤄 가심을 믿어야 한다.

오히려 소망

내가 선택하지만 동시에 하나님이 주권적으로 일하고 계심을 믿는 것은 시간이 지날수록 소망이 된다. 지금 이렇게 연인과 헤어지게 된 것이 하나님의 플랜 A라는 것인가? 헤어짐은 정말 슬픈 일이 맞다. 그러나 하나님 안에서는, 미안하지만 그렇다, 플랜 A이다. 여전히 하나님이 주권적으로 자신의 뜻을 펼치고 계신다. 내가 스스로 죄를 지었고, 스스로 방황해서 이렇게 비참한 상황이 벌어지게 되었는데, 이것도 어쩔 수 없는 비참한 삶이 아니라 하나님의 플랜 A라는 것인가?

그렇다. **하나님 나라에 플랜 B는 없다.** 이것이 신비다. 하나님은 내가 주도적으로 결정하여 선택하게 하셔서, 그 선택이 하나님을 저버리고 자신에게도 손해가 되는 일들을 스스로 결정했을지라도, 하나님은 영원 속에서 그 선택을 이미 아시고 그것이 내 삶을 향한 하나님의 플랜 A가 되게 하신다.

구속언약을 믿는 자로서 삶을 살아갈 때, 내 삶에 생기는 확신을 이렇게 정리할 수 있다. 이 문장을 마음속으로 따라 해 보라. 그리고 소리를 내어 외쳐 보라.

어쩔 수 없이 이 길을 걷고 있는 것이 아니다.
이 길을 걸어야만 하는 최상의 이유가 있다.

정말로 믿는가? 나는 지금 어쩔 수 없이 이 직장에 다니는 것이 아니다. 내가 스스로 잘못 결정한 인생일지라도, 하나님은 내 삶에 여전히 이 길을 걸어야만 하는 최상의 이유가 있다고 말씀하신다.

아담은 에덴동산에서 행위언약을 성취하여 인류를 영광으로 이끌어야 했으나 실패했다. 인간의 시각에서는 아담의 실패고, 아담의 어쩔 수 없는 일이었다. 그러나 영원 전에 하나님은 그것을 알고 계셨다. 그래서 아담의 실패는 하나님의 시각에서 여전히 플랜 A였다. 성부 하나님은 성자 예수님께 "아들아, 아담에게 기회를 줬으나 다 망쳐 놨구나. 어쩔 수가 없다. 네가 좀 지구에 내려가야겠다"라고 말씀하지 않았다. 성자를 두 번째 아담으로 보내시려는 계획은 이미 영원 속에 있었다. 인간의 측면에서 실패로 보이는 모든 일이, 하나님의 영원하신 계획 속에는 여전히 플랜 A로 펼쳐진다. 존 페스코가 이를 멋지게 표현했다.

> 구속언약은 아담이 만들어놓은 혼란을 정리하고자 하는 "플랜 B"가 아니라, 그리스도의 사역과 구속 계획을 위한

최초의 청사진(the original blueprint)이었다.[7]

아담의 실패는 최초의 계획이다. 지금 하나님이 계획하고 끌고 가시는 내 인생은 최초에 계획된 일들 그대로 펼쳐지고 있다는 사실을 믿어야 한다.

점검해 보자. 다음의 말이 맞는지 틀린지 대답해 보라.

"원래는 내 삶이 더 좋아질 수 있었는데, 내가 범죄한 인간이라 어쩔 수 없이 이 계획이 펼쳐진 거야." 이 말이 맞을까? 절대 그렇지 않다! 어쩔 수 없는 삶이란 없다. 사람의 생각에서 그럴 뿐이다. 하나님은 여전히 우리 삶의 최상의 계획을 실행해 나가고 계신다.

구속언약을 믿는 자의 확신 2.
지나가면 더 좋아진다

그러므로 더 나아가 이렇게 확신할 수도 있다. 우리가 보기엔 안 좋은 일 같은데 하나님이 경험하게 하시고, 지나가게 하시는 일이 있다면, 언제나 확신할 수 있다. **하나님이 지나가게 하시는 일은 지나가면 지나갈수록 더 좋아진다.**

'인간이 타락하지 않는 것이 훨씬 더 좋은 일이 아닌가?'라고 생각할 수도 있다. 그러나 타락을 거쳐 예수님의 구원을 믿는 자들의 삶이 최종적으로 완성되었을 때, 궁극적으로는 더 좋은 일이 생긴다. R. C. 스프로울이라는 신학자는 그 최종 상태의 영광을 이렇게 표로 표현했다.[8]

〈 인간의 상태 〉

타락 전 인간	타락 후 인간	거듭난 인간	영화된 인간
죄를 범할 수 있음	죄를 범할 수 있음	죄를 범할 수 있음	
죄를 범하지 않을 수 있음		죄를 범하지 않을 수 있음	죄를 범하지 않을 수 있음
	죄를 범하지 않을 수 없음		
			죄를 범할 수 없음

타락 전 인간은 죄를 범할 위험이 있었다. 오늘날 우리 인생도 종종 죄를 짓지만 그래도 회개하고 죄에서 돌이킬 수 있다. 그러나 하나님은 우리의 삶이 여기에 머물러 있기를 바라지 않으신다. 이 땅에서 하나님이 각자의 삶에 허락하신 모든 여정을 마칠 때, 우리는 결국 죄를 범할 수 없는 상태가 되어 하나님을 맞이하게 될 것이다. 하나님은 우리의

현재 상태에 결코 만족하지 않으시고, 이 길을 지나가서 더 좋아지게 만드실 것이다.

태어나지 않는 것이 낫다

아이를 키우다 보니 주변 친구들 소식을 종종 듣는다. 아직 나보다 조금 결혼이 늦거나, 결혼을 했더라도 아이 낳기를 주저하고 있는 친구들이 많이 있다. 아이를 낳고 싶지 않다는 말을 들을 때, 자녀를 다 키우신 어르신들 입장에서는 오해를 하신다. 자기들 편히 살려고 아이를 낳지 않는 이기적인 마음이라고 말이다. 그런데 친구를 만나서 이야기를 들어 보니, 그게 아니었다.

친구의 말은 이랬다. 살아보니 삶이라는 것은, 너무나도 어렵고 인생에는 고통이 많다는 것이다. 자신은 다른 이유보다도 아이를 불행하게 만들고 싶지 않아서 차라리 낳지 않는 편을 택하고 싶다고 했다. "내 아이가 다른 사람 국민연금을 내주기 위해서, 내 아이가 나라 인구를 떠받치기 위해서 고생해야 하는 건 좀 아니잖아?"

태어난다는 것 자체가 얼마나 비극인지, 어쩔 수 없이 살아간다는 게 얼마나 고역인지, 이것을 깊이 고민한 데이비드 베너타라는 학자는 2006년에 이런 책을 썼다. 책 이름이 너무 강렬하다.

『Better never to have been』[9)]
"존재하지 않는 것이 훨씬 좋다."

난 이 책을 읽으며 이것은 단순히 자녀를 낳는 문제가 아니라 고통스러운 삶을 바라보는 시선의 문제라고 느껴졌다. 내가 원하는 목표를 이루지 못해서 어쩔 수 없이 살아가는 플랜 B의 삶이라면, 또한 지금 내 처지가 내가 원하는 삶이 아니라면, 차라리 부재하는 것이 더 낫지 않을까?

여전히 존재하는 새로움

우리에게 〈성령이 오셨네〉라는 곡으로 잘 알려진 싱어송라이터 김도현 씨의 이야기다. 그분의 나이가 오십 세가 넘었는데, 아직 부모님이 살아계신다고 한다. 두 분 모두 치매로 어려움을 겪고 계시기에 아들과 소통은 잘 되지 않으신다. 이분이 자기 생일에 부모를 찾아가게 되었다. 부모도, 자식인 나도, 다 늙은 인생인데 남은 인생을 어쩔 수 없이 사는 건 아닐까? 우리의 인생의 질문 앞에 그분의 고백은 새로운 시사점을 던진다.

엄마 아빠는 갓 태어나 눈도 제대로 못 뜨던 나를 매일 들여다보며 "이게 언제 크지?" 그러셨단다.
그랬던 내가 나이 오십이 넘었다.

요즘은 엄마를 만나면 뺨에 얼굴을 대고 입을 맞추고 꼭 안아드린다.
너무너무 좋아하시는 엄마는 그냥 아이 같다.

내 생일이었던 오늘은 여느 때처럼 엄마를 목욕시켜 드리고 로션을 바르고 머리에 에센스를 바르다가 "엄마 나 오늘 생일이야. 이쁘게 낳아 주셔서 정말 정말 고맙습니다."
라고 하는데 눈물이 울컥 나왔다.
영문도 모르는 엄마는 빤히 날 쳐다만 보신다.
내가 아들이라는 사실을 기억 저편에 두고 오신지 꽤 오래지만 아직도 좀 많이 그렇다.

예전엔 생일의 주인공은 늘 나였는데…….
뒤늦게서야 날 낳아 주신 부모님이 주인공이라는 사실을 깨닫는다.
참 자식은 늘 언제나 늦다.[10]

나는 이 글을 읽으며, 오십 세가 넘은 글쓴이가 누군가를 새롭게 만나고 있다고 느꼈다. 태어났을 때 처음 만났고, 자신의 인생과 그의 고난을 바라보며 상대를 다시 만났다고 생각한다. 누구를 다시 만났을까? 자신의 부모다. 엄마가 누구인지, 부모란 무엇인지, 사랑이란 무엇인지… 언제나 고난은 우리의 인생을 새로움으로 이끌어 간다. 오십이 넘은 이 한 사람은, 치매로 고통을 겪는 자신의 부모를 보며, 여전히 자신도 새로워지고 있음을 느꼈다. 하나님이 허락하시는 어려움은, 지나가면 언제나 더 좋아진다.

아버지가 되었을 때, 신을 이해했소

오노레 드 발자크가 쓴 『고리오 영감』이라는 고전이 있다. 고리오 영감은 두 딸을 너무 사랑해 전 재산을 쏟아붓고 헌신하지만, 두 딸은 아버지의 사랑을 이용하기만 하며 나중에는 아버지가 처량한 죽음을 맞이한다는 이야기다. 하숙집에 사는 주인공 청년이 왜 그렇게 비참하게 사냐고 묻자, 영감은 대답한다.

"왜 영감님은 이런 너저분하고 더러운 곳에 사십니까?"

"그 얘기를 당신에게 설명할 수 없소. 적절히 표현할 한마디 말이 없구려. 인생만사가 그런 거요. 내 인생, 바로 내 인생은 내 두 딸에게 달려 있소. 그 애들이 행복하다면, 내 새끼들이 우아하게 옷을 입는다면, 그 애들이 융단 위를 걸어다니기만 한다면, 내가 무슨 옷을 입건 내가 누운 곳이 어디건 무슨 상관이 있겠소? 그 애들이 따뜻하면 나는 춥지 않소. 그 애들이 웃으면 나는 결코 슬프지 않소. 그 애들이 슬퍼할 때에만 나는 슬프다오. (…)
앞으로 당신도 당신 자신의 행복보다 자식들 행복에 한층 더 즐거워하게 된다는 걸 알게 될 거요. 어떻게 설명해야 할지 모르겠소. 몸의 도처에서 기쁨을 내뿜는 내적인 움직임 말이요. 이상한 얘기를 할까요? **나는 아버지가 되었을 때, 비로소 신을 이해했소. 하나님은 어디에나 존재하고 있소. 삼라만상이 하나님한테서 비롯했으니까 말이요.**"[11]

이 영감은, 딸들을 사랑하고 그들에게 헌신하느라 모든 재산을 탕진했다. 어쩔 수 없는 삶인 줄 알았는데, 더 나아가니 마지막에 하나님을 알게 되었다. 인생을 계속 지나갔더니, 더 좋은 것을 만났다.

아들을 죽이는 계획

내 삶이 처참할 때 그것이 하나님의 플랜 A라고 어떻게 확신할 수 있을까? 하나님이 직접 경험하시고자 계획하신 일이 무엇이었는지를 보면 알 수 있다. 내 삶을 이런 고통스러운 형편에 처하게 하시고, 날 이렇게 내버려 두시는 하나님이 날 구원하겠다고 하시고는 직접 경험하기로 계획하신 일이 도대체 무엇인가?

성부 하나님이 계획하신 플랜 A가 있었다. 그것은 바로 자신의 아들이 죽는 일이었다. 하나님은 자신의 아들이 십자가에 죽는 것을 보고, 그것을 플랜 A라고 말씀하셨다.

예수께서 신 포도주를 받으신 후에 이르시되 다 이루었다 하시고 머리를 숙이니 영혼이 떠나가시니라(요 19:30).

영원 전부터 예정하셨다는 말을, 우리에게만 적용해서는 안 된다. "우리가 타락할 것을 예정하셨다고? 내가 이렇게 고통받을 것도 알고 계셨다고? 이 비참한 상황을 두고 어떻게 그런 말씀을 하실 수가 있는 거지?"라고 말해서는 안 된다. 그 영원 전 계획에는 자신의 아들이 죽는 것도 예정되어 있었다. 하나님이 우리를 구원하시고자 하는 창세 전의 의지는 너무도 강력해서, 그 플랜 A 속에 성자 예수님이 십자가로 가시는 일까지 포함되어 있었던 것이다.

하나님의 플랜 A 속에 무엇이 포함되어 있었는지 확인할 때, 오늘 우리의 삶에서도 소망을 찾을 수 있다. 예수님은 창세 전에 약속하신 그대로, 그 구원을 위해 이 땅에 오셔서 자신이 죽는 계획을 실행하셨다. 그가 예정대로 죽으셨기에, 나는 예정대로 죽어도 다시 살 것이다. 그가 예정대로 이 땅에 오셨기에, 나는 예정대로 천국에 갈 것이다.

예정하신 일을 이루신 그분 앞에서 나의 미래를 마찬가지 방법으로 확신할 수 있다. 자신의 아들이 죽어서 우리에게 영생을 주시는 일마저 플랜 A였던 분이시라면, 하나님이 허락하신 오늘의 삶도 결코 나에게 불행과 저주가 되지 않음을 확신할 수 있는 것이다.

> 너희 안에서 착한 일을 시작하신 이가 그리스도 예수의 날까지 이루실 줄을 우리는 확신하노라(빌 1:6).

삶의 어느 여정을 지나고 있든지 간에, 구속언약을 믿고 그 안에 있는 사람들의 삶은, 결코 플랜 B가 아니다.

오늘 내가 붙들어야 할 구속언약

- **정의**
  삼위일체 하나님께서 자신이 택한 자를 구원하시고, 자신의 백성을 삼으시겠다고 서로가 작정하신 언약.

- **특징**
  성경에 나오는 언약 중 유일하게 하나님과 사람이 맺은 언약이 아닌, 삼위 하나님 사이에 체결된 언약이다.

- **적용**
  ❶ **내 삶은 플랜 B가 아니다**: 창세 전에 이미 아담이 실패할 것을 알고 구원의 계획을 세우신 하나님이라면 오늘 나의 실패도 영원하신 하나님의 인도하심 안에서는 결코 실패가 아님을 믿는다.

  ❷ **지나가면 더 좋아진다**: 타락 전에 인간은 죄를 범할 수 있는 상태였으나, 아담의 실패 이후 두 번째 아담 예수님을 통해 인간은 죄를 범할 수 없는 더 나은 상태가 된다. 실패처럼 보이는 일도, 하나님이 지나가게 하시는 일이라면 오히려 더 좋아질 것을 믿을 수 있다.

나를 구원하시기로 작정하신 하나님,
구속언약 아래서 나의 오늘의 삶이
결코 하나님의 플랜 B가 아님을 확신하게 하소서.
내게 허락하신 삶이 언제나 플랜 A임을 믿고, 지금 이곳에서
펼쳐질 하나님의 최고의 계획을 기대하게 하소서.

선악을 알게 하는 나무의 열매는 먹지 말라
네가 먹는 날에는 반드시 죽으리라 하시니라
창 2:17

2

[행위언약]

그분의 행위를 의지한다

창세기 2:16-17

사람과 하신 최초의 약속

하나님이 사람과 최초로 맺으신 약속을 '행위언약'이라고 한다. 행위언약이란 **인류의 대표자인 아담에게 순종에는 영생을, 불순종에는 영벌을 약속하신 언약**이다. 어떤 순종이 있는가? 1) 다스리라 2) 먹지 말라가 그 명령의 내용이다.

1) 다스리라

하나님이 자기 형상 곧 하나님의 형상대로 사람을 창조하시되 남자와 여자를 창조하시고 하나님이 그들에게 복을 주시며 하나님이 그들에게 이르시되 생육하고 번성하여 땅에 충만하라, 땅을 정복하라, 바다의 물고기와 하늘의 새와 땅에 움직이는 모든 생물을 다스리라 하시니라(창 1:27).

2) 먹지 말라

여호와 하나님이 그 사람에게 명하여 이르시되 동산 각종 나무의 열매는 네가 임의로 먹되 선악을 알게 하는 나무의 열매는 먹지 말라 네가 먹는 날에는 반드시 죽으리라 하시니라(창 2:16-17).

먹으면 죽는다는 말에는, 그 반대의 약속이 자동적으로 포함되어 있음을 알 수 있다. 먹지 않으면 살게 된다는 약속이나. 만약 아담이 이 약속에 순종했다면 무슨 일이 벌어졌을까? 창세기를 자세히 읽으면 그 단서가 나온다. 성경은 선악을 알게 하는 나무 외에 다른 나무 하나를 더 소개하고 있다.

여호와 하나님이 그 땅에서 보기에 아름답고 먹기에 좋은 나무가 나게 하시니 동산 가운데에는 **생명 나무**와 선악을 알게 하는 나무도 있더라(창 2:9).

여호와 하나님이 이르시되 보라 이 사람이 선악을 아는 일에 우리 중 하나 같이 되었으니 그가 그의 손을 들어 **생명 나무** 열매도 따먹고 영생할까 하노라 하시고 여호와 하나님이 에덴동산에서 그를 내보내어 그의 근원이 된 땅을 갈게 하시니라 이같이 하나님이 그 사람을 쫓아내시고 에덴동산 동쪽에 그룹들과 두루 도는 불 칼을 두어 **생명 나무**의 길을 지키게 하시니라(창 3:22-24).

아담이 범죄한 이후에 생명 나무 열매를 먹는 것이 금지되었다. 아담이 순종했다면? 그 순종의 보상으로 생명 나무 열매를 먹을 수 있게 되고, 영생이 확정되는 보상을 받을 수 있었던 것이다. 행위언약에 순종했다면 아담에게 벌어졌을 상태를 존 페스코는 이렇게 설명한다.

> 아담이 소유한 생명은 가변적이었으며 아담의 의는 증명되지 않은 것이었다. 만일 아담이 하나님의 명령에 순종하여 언약의 시험을 통과하였더라면, 아담은 확정된 영생의 상태에 들어갔을 것이며 아담의 의가 증명되었을 것이다.[12]

아담은 자신이 하나님과 한 약속을 지키는 존재라는 것을 증명해 내는 데 실패했다. 결국 행위언약의 결말은 아담 스스로 자신이 약속을 지킬 수 있는 존재라는 것을 증명하지 못한 '증명의 실패'였다.

증명의 실패

아담과 우리는 어떤 상관이 있을까? 인류의 대표자로서 아담이 행위언약에 실패한 모든 영향은 오늘 우리 모두에게 미친다. 행위언약의 실패는 증명의 실패이다. 사람은 하나님을 떠나서 마음대로 산다고 말하지만, 언제나 자신이 가진 것으로 자신을 충분하게 증명해 내고 싶어 하고, 충분히 그렇게 살지 못할 때 절망하게 된다. 행위언약의 실패 이후 사람은 영원히 자신이 무언가를 제대로 증명해 낼 수 없는 존재라는 것에 불행함을 느끼는 상태가 되었다.

아서 밀러의 『추락 이후』라는 작품이 있다. 이 작품의 남자 주인공은 하나님을 떠난 후 자기가 자유롭게 살고 있다고 착각한다. 그러나 인생을 회상하며 자신의 삶을 '빈 벤치'에 비유하게 된다. 분명히 내가 가는 길에는 나만 주인공이며 내가 주체적으로 살아가는 삶이라고 생각했는데, 저 앞에 멀리 보이는 벤치에서 누가 날 쳐다보고 있는 느낌이 드는 것이다. 분명히 아무도 없는데, 누가 자꾸 앉아서 나에게 내 삶을 증명해 내라고 말한다.

전 지금까지 오랜 세월을 두고 인생을 하나의 법정에 기소된 사건으로, 증거의 연속으로 봐왔습니다. 헌데 그런

경향이 점점 더 짙어지는군요. 남자란 젊었을 땐 용감한 또는 멋진 사내임을, 그다음엔 훌륭한 남편임을, 그다음엔 좋은 아버지, 마지막엔 현명하고 세력있는 인사임을 증명해야 되겠지요.

지금 생각해 보면 저의 불행은 어느 날 제가 그곳을 올려다보던 때부터 비롯된 것 같습니다. 그때 그 벤치가 비어 있었거든요. 재판관도 눈에 띄지 않았습니다. 남아 있는 것이라곤 오직 자신과의 끝없는 투쟁뿐……

빈 벤치 앞에서의 이 무의미한 존재에 대한 소송뿐이었습니다. 다른 말로 하면 절망이라는 거겠죠.[13]

아무도 없는 줄 알았던 내 삶의 여정에 '돈'이 벤치에 앉아 "과연 그 돈 가지고 되겠어?"라고 말한다. '외모'가 그 벤치에 앉아 "그 외모 가지고 결혼이나 하겠어?"라고 말한다. 나중에는 '나이'가 앉아서 "이제 늙었는데 누가 너를 알아주겠어?"라고 말한다.

사람은 자신이 가진 힘, 재능, 노력으로 무언가 충분히 증명해 낼 수 없을 때 절망한다. 이 모든 영적인 갈망이 바로 행위언약의 실패로부터 오는 '증명하지 못한 마음'이다.

옛다, 그냥 줄게

구원은 하나님의 '은혜'로 주어진다고 이야기한다. 우리가 한 일이 없다는 것을 강조하는 말이다. 그런데 은혜가 강조되다 보면 오해가 생긴다. 원래는 하나님이 사람과 행위언약을 맺으셨는데, 인간이 실패한 나머지 어쩔 수 없이 "옛다, 그냥 줄게"라고 우리에게 베풀어 주신 것이 은혜라고 착각하는 것이다. 행위언약은 이제 취소된 것이라는 오해다. 하지만 그렇지 않다. 하나님이 사람과 맺으신 행위언약은 여전히 유효하다. 행위언약은 취소되는 것이 아니라 갱신된다. 새로워진다. 행위언약의 실패자 아담 대신에, 행위언약의 성취자로 다른 대표자가 세워졌다. 아담은 행위언약의 실패자로서 우리에게 영향을 미친다. 그러나 두 번째 아담, 예수님은 행위언약의 성취자로서 우리 삶에 구원을 주신다.

불안한 공짜

공짜로 받는 것이 언제나 기분이 좋은 것은 아니다. 오히려 공짜로 받을 때 더 불안감과 굴욕감을 느끼기도 한다. 불우 학생 장학금과 성적 우수 장학금을 비교해 보라. 둘 다

똑같은 장학금이지만, 성적 우수 장학금은 내가 스스로 증명해 낸 성취이다. 성적 때문에 자격이 흔들리지 않는다. 불우 학생 장학금을 왜 줬냐고 물으니 그냥 형편이 어려운 사람에게 줬다고 한다. 좋긴 한데, 불안하다. 도대체 얼마나 어려워야 받을 수 있는 것인가? 장학금을 받는 제대로 된 근거가 없으니 언제 장학금이 끊어질지, 얼마나 받을 수 있을지 불안하다. 충분한 자격 이후에 합당하게 주어지는 유익이 내게 훨씬 안정감과 자신감을 준다.

그분의 행위를 의지한다

내가 스스로 자격을 증명해 낼 수 없을 때 해결하는 방법이 있다. 이미 증명한 이의 행위를 의지하는 것이다. 그래서 예수님을 믿는다는 것은, 타인의 행위를 의지하는 것이다.

예수님을 믿고 믿음 생활을 시작한다는 것은 행위를 덮어놓는 것이 아니다. 우리는 예수님을 믿는다. 예수님의 무엇을 믿는 것인가? 예수님이 하신 '행위'를 믿는 것이다. 어떤 행위인가? 나 대신, 아담 대신, 순종해야 할 모든 행위에 순종하셔서 자격을 갖추셨음을 믿는 것이다.

율법이 육신으로 말미암아 연약하여 할 수 없는 그것을 하나님은 하시나니 곧 죄로 말미암아 자기 아들을 죄 있는 육신의 모양으로 보내어 육신에 죄를 정하사 육신을 따르지 않고 그 영을 따라 행하는 우리에게 율법의 요구가 이루어지게 하려 하심이니라(롬 8:3-4).

율법의 요구가 이루어지게 하셨다. 내가 은혜를 얻을 수 있는 이유는, 행위언약을 나 대신 성취하신 예수님의 행위의 증명 때문이라는 말이다. 나는 충분한 행위의 근거가 있는 보상과 유익을 예수님을 통해 얻을 수 있다.

행위언약을 믿는 자의 확신 1.
아무것도 방해할 수 없다

나는 목사가 되기 전 평신도로서 이런 말을 들을 때마다 피상적이라는 생각을 했다. "예수님이 다 이루셨습니다! 예수님이 다 행하셨습니다!" 당연히 아멘이다. 그런데 내 삶은 어떤가? 이루지 못한 일 투성이다. 행하지 못한 일 투성이다. 오늘의 현실, 오늘의 일상이 전혀 변하지 않는데, 예수님이 이루신 행위를 나의 것으로 받아들인다는 것이 삶에 어떤 변화를 일으키는지 늘 궁금했다.

예수님이 우리가 지켜야 할 행위의 조건을 모두 만족시키셨다는 것을 믿을 때 삶에 실제적으로 나타나는 변화는 무엇인가? 이렇게 적용하면 좋다. **여전히 남아 있는 내 삶의 부정적인 요소들이 하나님의 인도하심을 방해할 수 없다는** 확신을 갖는 것이다.

예수님은 망친 시험을 다시 보게 해 주시는 분이 아니다. 예를 들어 수학 시험을 망쳤다. 선생님께 한 번만 기회를 더 달라고 사정했더니, 똑같은 난이도로 다시 시험을 볼 기회를 주셨다고 하자. 수학을 못하는 학생에게 이것이 과연 구원일까? 오히려 두 번 죽는 저주가 아닐까? 수학을 못하는 학생에게 기회를 다시 주는 것은 구원이 될 수 없다. 구원이란, 수학을 못하는 학생에게 수학이 문제가 되지 않게 해 주는 것이다. 수학이 '방해되지 않게' 해 주는 것이다.

행위언약을 믿는 자의 확신이 바로 이것이다. 예수님 안에서는, 내 삶에 내 스스로 행하지 못한 부족함과 나의 기질적인 나약함과 과거의 실수가 더 이상 예수님이 성취하실 일들을 방해할 수 없다는 확신을 가질 수 있게 된다.

하나님이 하신 일은 맨 처음, 시험을 다시 볼 수 있는 아담의 자리로 우리를 데려가신 것이 절대 아니다. 아담이 걸었어야 했던 처음부터 끝까지, 모든 길을 예수님이 우리 대신 이미 걸어가셨다. 헤르만 바빙크가 이를 멋지게 표현했다.

예수님은 우리를 죄책과 형벌에서 구원하여 아담이 걸었어야 했던 길의 시작이 아니라 끝에 우리를 두셨다. 예수님은 우리가 아담 안에서 잃어버린 것보다 훨씬 많은 것을 우리에게 주신다. 사죄와 형벌의 면제뿐 아니라, 믿음 안에서 죄를 지을 수 없음과 죽을 수 없음도 즉시 우리에게 주신다. (…) 우리를 아담이 서 있었던 길의 지점으로 데려가지 않으시고 우리를 위해 전체 여정을 끝까지 답파하셨다.[14]

예수님이 다시 오셔서 내 삶이 완전히 새로워지기 전까지 나에겐 아직 연약함, 부족함, 실수, 세상의 기준에 미치지 못한 실력들이 여전히 남아 있다. 그러나 그 안에서 예수님이 나 대신 다 행하셨음을 믿는 것은, 그것들이 물리적으로 다 사라졌음을 믿는다는 것이 아니라, 그것들이 더 이상 하나님이 내 삶을 통해 하실 일을 방해하지 못한다는 것을 믿는다는 말이다. 나 대신 모든 행위를 만족시키신 예수님이 계시다면, 내가 삶을 살아가며 부족함을 느끼는 모든 삶의 요소가 하나님이 나에게 계획하신 일들을 막을 수 없음도 확신할 수 있다.

방해할 수 없었던 일

목사가 되기 전 스스로 세웠던 계획들이 있었다. 열심히 공부하여 외국계 증권사에 가고 싶었으나 스펙과 실력이 충분하지 않아 가지 못했다. 내 스스로의 자격미달이 내가 원하는 목표를 방해하고 있는 것 같았다. 예전부터 공부를 더 열심히 하지 않았다는 내 자신에 대한 자책이 먼저 들었다. 공부를 더 열심히 했다면 내게 기회가 생기지 않았을까? 노는 시간을 줄였다면 나에게 더 나은 미래가 열리지 않았을까?

가정에 대한 원망도 들었다. 부모님이 나에게 좀 더 충분한 지원과 교육을 해 주셨으면 다른 결과가 나오지 않았을까? 좀 더 나에게 관심을 가져 주셨다면 좋지 않았을까? 내 삶의 안팎에서 모든 것이 내 미래를 방해하고 있다는 생각이 들었다.

어쩔 수 없이 다른 계획을 세웠다. 방해하는 장애물을 치우기 위한 계획이었다. 스펙을 채우기 위해 교환학생을 가기로 했다. 교환학생 스펙이 더해지면 원하는 직장을 얻는 데에 조금이라도 더 도움이 될 듯했다. 토플 시험을 준비해서 나오는 점수에 맞게 교환학생을 지원해 볼 생각이었다. 열심히 시험을 쳤다. 하지만 말도 안 되는 행정 처리 오류로 원서 접수까지 성적표가 나오지 않았다. 토플 시험을 주관하는 ETS의 한국 지사에서 정식으로 나에게 사과까지 하게 됐다. 전 세계에서 이 시험을 치는데, 왜 하필 내가 시험을 치는 때에 이런 일이 벌어지는가? 시험 점수가 낮으면 점수 기준이 낮은 학교라도 갈 텐데, 점수 자체가 없으니 아예 원서도 쓸 수 없는 일이 벌어졌다.

결국 외국으로 나가지 못하고 쓸쓸히 한국에 남았다. 한국에서 하던 일은 하나뿐이었다. 친구들과 대화하며 밥을 먹다가 가끔 교회에 데려가는 일이었다. 내 삶의 모든 요소가 내 미래를 막고 있는 듯했다. 유일하게 열려 있는 것은 친구들을 교회에 데려가는 일이었다.

그런데 그것이 하나님의 일하심이었다. 그 친구들이 어떤 존재가 된 줄 아는가? 우리 교회의 개척 멤버가 되었다. 내 계획 속에서는 내가 겪는 모든 일이 방해였고, 내가 가진 부족한 실력이 모두 내가 원하는 일을 하지 못하게 끌어내리는 것 같았다. 그러나 하나님은 한사람교회를 개척하려는 계획을 가지고 계셨고, 내가 경험한 모든 것은 하나님의 계획을 방해하기는커녕 오히려 돕고 있었다. 토플 점수가 막히고 교환학생이 막혔다. 외국으로 나갈 길이 막혔다. 모든 것이 나를 방해하는 듯했다. 그러나 그 모든 계획은 나를 통해 새로운 교회를 세우시고, 나를 한국에서 목사로 준비시키시려는 하나님의 계획을 하나도 방해할 수 없었다.

예수님이 완전히 순종하셔서 행위로서 부족함이 없는 자격을 주셨다는 것을 믿을 때 바로 이러한 확신이 생긴다. 내 삶의 바깥에서 벌어지는 상황의 어떠함과 상관없이 나 자신의 실력이 부족하고 실망스러울지라도, 그 모든 삶의 요소가 하나님이 궁극적으로 내 삶에 성취하시려는 일들을 방해할 수 없다.

행위언약을 믿는 자의 확신 2. 받아들일 수 있다

내 현실이나 능력이 방해가 될 수 없음을 안다면, 자연스럽게 다음의 확신이 뒤따라온다.

방해할 수 없기에, 받아들일 수 있다.

이것이 그리스도인들의 삶의 아름다움이다. 내 삶에 벌어진 결과들을 인정할 수 없었던 이유는, 이것이 내 삶의 미래를 막아버릴 것 같은 두려움 때문이었다. 어떻게 내가 F 학점을 받을 수 있나? 어떻게 내가 이 회사에서 잘릴 수 있나? 어떻게 내가 이 연인에게서 차일 수 있나? 하나님이 주신 약속이 없으면 온 세상이 내 인생을 방해하는 것 같아 보인다.

그러나 그 어떤 것도 하나님이 내게 주시고자 하는 복과 성취를 막을 수 없음을 안다면, 내 삶에 모든 부정적인 요소들을 점점 '받아들이게' 된다. 내가 원하는 상황뿐만 아니라 그렇지 못한 상황들도 담담히 받아들이게 된다. 방해받지 않을 것을 믿기 때문이다.

평범한 엄마, 특별하신 하나님

엄마들은 자녀를 기를수록 죄책감에 빠진다. 100점짜리 엄마가 되고 싶은데, 매번 자신의 행동, 자신의 표현이 자녀를 충분히 헤아리지 못하고 있다는 생각 때문이다. 이렇게 아이들에게 험한 말을 쓰고, 화를 참아 내지 못할 거라면, 난 아이를 키울 자격이 없는 게 아닐까? 행위에 대한 죄책감이 한 엄마의 마음을 파고들었다.

나는 죄책감을 느끼며 살아왔다. 엄마로서 실패한 것들이 머리에서 떠나지 않아 스스로 부모가 될 자격이 부족하다며 습관적으로 나 자신을 비난했다. 나는 행복하지 못한 가정에서 결코 되풀이하고 싶지 않은 어린 시절을 보냈다. (…) 그래서 나는 실수를 저지를 때마다 나 때문에 우리 아이들이 고통스러운 유년기를 보내게 될까 봐 두려웠다. 좋은 가정을 만들 수 있을지 확신할 수 없는 불안감은 가벼운 두려움에 그칠 때도 있지만 어떤 때는 내 목을 매고 있는 올가미가 되기도 했다.[15]

내가 좋은 엄마가 되지 못할 것 같다는 두려움이 지속되던 어느 날, 하나님이 그녀의 삶을 만지셨다.

나는 우리 집 거실의 소파에 앉아서 성경을 읽고 있었다. 밤 9시 30분이었다. 나는 시간을 정확하게 기억하고 있다. 내 머리 속에서 울리는 하나님의 목소리를 듣고는 벽시계를 보았기 때문이다. 하나님은 부드러운 목소리로 말씀하셨다. "메어리, 나는 네가 좋은 엄마라고 말하기를 원하고 있다. 크게 말해 보아라."
"정말요?"
"그래, 말해 보아라."
나는 무릎을 가슴 쪽으로 끌어당기고 양팔로 몸을 감쌌다. 크게 심호흡을 한 번 한 뒤 말했다. "저는 좋은 엄마입니다." 입 밖으로 그 말을 내뱉자마자 답답하고 암울했던 무거운 짐을 내려놓은 것 같은 홀가분함을 느꼈다. 그렇게 말함으로써 9년 동안 부모 노릇을 하면서 한 번도 맛

보지 못했던 자유로움을 처음으로 만끽할 수 있었다.[16]

이 엄마는 자기 자신이 자기의 자녀를 방해하고 있다고 느꼈다. 그러나 하나님께서는 엄마가 느끼는 죄책감을 통해 새로운 일을 하고 계셨다. 아이를 길러보지 않았다면 결코 해결할 수 없었을 자신의 지난 삶의 두려움과 불안을 다시 마주하고 회복하게 하신 것이다. 그리고 확신을 주셨다. 내가 이 과정 속에서 저지르는 실수와 연약함들이, 하나님께서 나와 나의 자녀를 온전하게 이끌어가시는 것을 결코 방해할 수 없다는 확신을 말이다. 방해할 수 없다는 확신은, 오늘 나의 연약함과 주변에 불만족스러운 상황도 받아들일 수 있게 한다.

죽음도 방해할 수 없는 일

정말로 아무것도 방해할 수 없는가? 예수님은 자신이 직접 겪으신 행위를 통해, 행위언약의 성취를 증명하셨다. 그 행위언약의 성취의 효력이 어디까지 발생하는지, 율법교사가 예수님께 영생을 얻는 방법을 묻자, 예수님이 행위언약의 핵심을 이렇게 설명하셨다.

어떤 율법교사가 일어나 예수를 시험하여 이르되 선생님 내가 무엇을 하여야 영생을 얻으리이까 예수께서 이르시되 율법에 무엇이라 기록되었으며 네가 어떻게 읽느냐 대답하여 이르되 네 마음을 다하며 목숨을 다하며 힘을 다하며 뜻을 다하여 주 너의 하나님을 사랑하고 또한 네 이웃을 네 자신 같이 사랑하라 하였나이다 예수께서 이르시되 네 대답이 옳도다 이를 행하라 그러면 살리라 하시니(Jesus replied, "Do this and you will live.", NIV)(눅 10:25-28).

"이를 행하라 그리하면 살리라"(Do this and you will live.) 이것이 행위언약의 핵심이다. 행하면 산다! 그러나 예수님은 이보다 더 위대한 행위언약에 순종하시면서, 우리 인생의 마지막 장애물을 제거하셨다. 예수님이 십자가에서 경험하신 행위언약의 순종은 이렇게 표현할 수 있다.

이를 행하라 그리하면 죽으리라
Do this and you will die.

예수님은 성부 하나님의 말씀에 순종하셨다. 행위언약의 핵심이 무엇인가? 순종하면 산다는 것 아닌가? 그런데 예수님이 받으신 요구만은 달랐다. 순종하면, 죽는다. 예수님의 순종의 결과는 죽음이었다. 왜 그 일을 겪으셔야만 했는가? 예수님이 하신 행위의 순종은 우리에게 주시고, 우리가 받아야 할 순종하지 않은 행위의 대가는 그가 겪으시기 위함이었다.

예수님은 순종함으로 누리게 될 복을 우리에게 주심과 동시에, 우리가 순종하지 아니함으로 겪어야 할 죽음의 심판을 가져가셨다. 예수님의 순종을 믿을 때, 우리의 삶을 방해하는 마지막 대적인 죽음이 사라진다. 내 인생에 내가 시도하려는 모든 일들은 죽음 앞에 막히게 된다. 그러나 예수님 안에서 나는 죽음을 넘어 영원한 천국을 사모하고, 그곳에서 완성될 일들을 소망하는 존재로 바뀌게 된다.

죽음도 하나님이 내게 주실 영원한 생명을 끊을 수 없다면, 오늘의 삶에도 확신할 수 있다. 삶에 벌어지는 많은 일들이 하나님이 내 삶을 통해 이루실 하나님의 계획을 결코 방해할 수 없다. 방해할 수 없다면 받아들일 수 있다. 그것이 나 대신 행위언약을 성취하신 예수님을 믿는 자의 삶이다.

오늘 내가 붙들어야 할 행위언약

- **정의**
  하나님이 인류의 대표자인 아담에게 순종에는 영생을, 불순종에는 영벌을 약속하신 언약.

- **특징**
  하나님이 사람과 맺으신 최초의 약속이며, 행위언약에 대한 아담의 실패로 인간은 하나님과의 관계가 끊어지게 되었다.
  두 번째 아담으로 예수님이 오셔서 우리가 실행해야 할 모든 행위를 완성하셨다.

- **적용**
  ❶ **아무 것도 방해할 수 없다**: 예수님이 나를 위해 죽으신 것은, 나를 아담이 걸어야 했던 길의 시작이 아니라 완성인 끝에 두신 것이다. 오늘 내 삶의 부정적이고 연약한 요소들 때문에 하나님의 온전한 인도하심이 막히지 않을 것을 확신할 수 있다.

  ❷ **받아들일 수 있다**: 지금 내 삶의 형편이 결코 하나님의 인도하심을 방해할 수 없으므로 오늘의 상황을 편안하게 받아들일 수 있다. 내 삶의 부정적인 일들도 내 삶의 길을 여는 도구가 된다.

아담이 걸어야 했던 길을 나 대신 끝까지 걸으신 예수님.
오늘 내 삶이 하나님 앞에 다시 시험 봐야 하는
인생이라고 생각하지 않게 하소서. 예수님이 모두 이루시고
나를 자녀 삼아 주셨음을 믿고, 오늘 내게 주어진 형편 때문에
하나님이 주실 복이 막히지 않음을 알게 하소서.

내가 너로 여자와 원수가 되게 하고
네 후손도 여자의 후손과 원수가 되게 하리니
창 3:15

3

[은혜언약]

부분적 성취는 언제나 있다

창세기 3:15

구약은 율법, 신약은 은혜?

어려서부터 들었던 말이 있다. 구약 시대에는 하나님께서 사람에게 율법을 기준으로 구원을 행하셨고, 예수님이 오신 후 신약부터 은혜의 시대가 되었다는 것이었다. 그럴 듯했다. 예수님이 없는데 어떻게 은혜의 구원이 있을 수 있겠는가? 성경을 크게 두 부분으로 나눈다면 율법시대였던 구약과 은혜시대였던 신약으로 나눌 수 있다고 생각했다.

그러나 그게 아니었다. 언약의 관점에서 성경을 살펴보면, 아담이 하나님과 맺었던 행위언약에서 실패한 이후에 곧바로 은혜언약이 주어짐을 알 수 있다. 언약의 관점에서 성경을 볼 때는, 구약과 신약으로 나누어야 할 것이 아니라, 창세기 3장 15절을 중심으로 성경을 나누어야 한다. 이것이 성경을 구조적으로 나누어 이해하는 가장 중요한 관점이다. 이것을 신학자들은 이렇게 도식으로 표현했다.

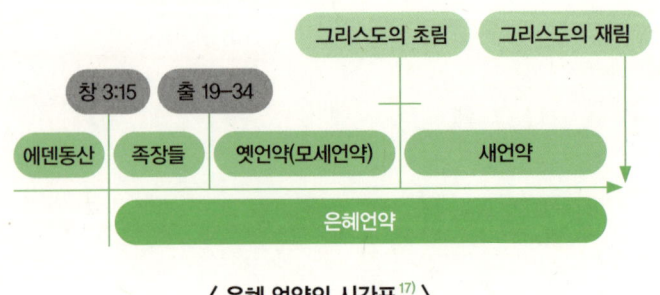

〈 은혜 언약의 시간표[17] 〉

맨 처음에 삼위일체 하나님 사이에 구속언약이 있었다. 그리고 하나님이 아담과 행위언약을 맺으셨다. 행위언약의 결말은 아담이 하나님과 원수가 된 것이었다. 마귀와 한편이 되어 버린 것이다. 하나님은 자신을 대적하고 불순종하는 자를 심판하셔야 하기 때문에 아담은 그 대상이 되었다. 그런데 행위언약이 파괴된 직후, 하나님은 다시 편을 가르신다. 사람은 하나님의 편이 될 것이고, 오히려 마귀만 하나님의 대적이 될 것임을 주도적으로 말씀하신다.

내가(하나님) 너로(마귀) 여자와 원수가 되게 하고 네 후손도 여자의 후손과 원수가 되게 하리니 여자의 후손은 네 머리를 상하게 할 것이요 너는 그의 발꿈치를 상하게 할 것이니라 하시고(창 3:15).

지금 이 말씀은 하나님과 대적 사이의 구도가 완전히 바뀌게 되는 중요한 구절이다. 분명히 사람은 마귀와 한 편이었고, 함께 하나님을 대적했었다. 그런데 하나님은 자신이 원하는 구도가 그것이 아니며, 다른 구도를 만드시겠다고 주도적으로 선언해 버리신다. 창세기 3장 15절에서 보여지는 구도의 변화를 정리하면 아래의 도표와 같다.

〈 하나님과의 관계 〉

은혜는 여기부터

왜 사람은 하나님께 범죄하였음에도 불구하고 다시 하나님 편에 설 수 있었는가? 창세기 3장 15절에서 하나님이 그렇게 하겠다고 말씀하셨기 때문이다. 하나님이 원수된 사람에게 다시 회복의 약속을 주셨다는 의미에서, 창세기 3장 15절을 '원복음'(protevangelium)이라고 부른다. 예수님을 통해 은혜로 주어지는 구원의 약속이 여기서부터 시작되었다는 것이다.

따라서 은혜언약이란, **인간이 행위언약에 실패하였음에도 불구하고, 하나님이 주도적으로 사람의 편에 서셔서 원수 마귀를 물리쳐 죄를 지은 인간을 조건 없이, 값없이 구원하시겠다는 약속**이다. 그래서 구약은 율법, 신약은 은혜라는 말은 적절하지 않다. 성경은 창세기 3장 15절 이전과 이후로만 나누어진다. 3장 15절 이전은 행위언약이 기록되어 있으며, 이 원복음 이후에는 모두 은혜언약들이 점진적으로 어떻게 완성되어 가는지를 보여 주는 내용이 된다.

세대주의

언약의 렌즈로 성경을 살펴보면 자연스럽게 그 오류와 한계를 인식할 수밖에 없는 관점이 있다. 바로 '세대주의'(dispensationalism)다. 세대주의란 말 그대로 세대를 나누어서 성경을 보는 것인데, 하나님이 세대마다 다른 방식으로 사람을 대하셨다고 보는 관점이다. 왜 세대에 따라 하나님이 대하시는 방식이 바뀌었는가? 인간의 실패와 죄악 때문에 하나님이 제시하셨던 예전 기준으로는 도저히 하나님 자신의 뜻을 펼치실 수 없기 때문이다.

정말 그러한가? 이런 설명에 고개를 끄덕이면 안 된다! 하나님은 전능하신 분이다. 세대주의는 근본적으로 하나님의 실패를 전제한다. 이를 김희석 교수는 이렇게 표현했다.

> 소프트웨어 프로그램에 비유하자면 버전 1이 있었는데(무죄 세대), 이어서 버전 1.1이 나왔고(양심 세대), 버전 1.2(인간정부 세대), 버전 1.3(약속 세대)이 나오다가 버전 2(율법 세대)가 나왔다는 것이다. 그런데 이 업그레이드가 된 버전 2(율법 세대)가 기능을 발휘하지 못하고 자꾸 버그가 나서 하나님의 뜻을 이루지 못하였으므로, 하나님께서는 이를 전량 회수하고 리콜하여 교회라는 버전을 새로 주셨다는 것이다. 이러한 해석을 받아들이게 되면 우리가 믿는 하나님은 '실패하신 하나님', '약속을 이루지 못하시는 하나님'이 되고 만다. 하나님의 약속이 이루어지지 않고 실패했기 때문에, 이를 극복하기 위하여 더 나은 다음 버전이 나오게 되었다는 뜻이 되고 말기 때문이다. 그러나 개혁주의 언약신학의 관점은 우리 하나님을 어제나 오늘이나

내일이나 그 능력과 지혜에 있어서 동일하시고 온전하신 하나님이심을 믿는다. 불연속성을 강조하는 세대주의적 해석은 본문 자체를 중시한다고 하면서도 본문을 제대로 해석해내지 못하며, 그 해석에 있어서 성경 전체의 교리와 적절하게 조화를 이루지 못하는 약점을 지니게 된다.[18)]

끊어진다 vs. 점진적이다

성경을 보는 중요한 시선은 여기서 갈린다. 성경에서 하나님이 하신 모든 약속들을 단절시키고 끊어서 읽느냐, 이것이 모두 하나로 이어져 점진적으로 큰 그림을 그려나가는 과정으로 보느냐의 싸움이다. 세대주의는 끊어진다고 생각한다. 세대주의 내에도 수정된 다양한 입장들이 있지만, 대략 다음의 관점으로 성경의 세대를 나눈다.

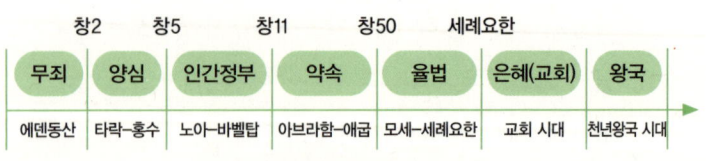

〈 고전적 세대주의[19)] 〉

그러나 개혁신학은 성경의 모든 약속이 점진적으로 완성되어 간다고 본다. 점진적이라는 말은 무슨 뜻인가? 특정한 단계에서 모든 것들이 완벽하게 이루어지지는 않지만, 언약의 모든 단계마다 부분적으로 하나님이 뜻하셨던 일들이 정확하게 이루어져서, 결국은 하나님이 원하시는 궁극적인 구원의 완성이 나타나게 된다는 것이다. 성경의 언약들이 유기적으로 연결되어 있다는 말은 이렇게 정리할 수 있다.

즉 구약의 언약들은 전체가 모여 하나의 언약을 형성한다(The Covenant = covenants). 여러 개의 언약들이 존재하는데 그 언약들이 궁극적으로 하나의 언약을 보여 주고 있다는 것이다.[20]

은혜언약을 믿는 자의 확신 1.
부분적 성취는 언제나 있다

신학자들과 목회자들은 여기서부터 재미있어지고, 일반 성도들은 여기서부터 재미가 없어진다. 학문적으로는 재미있을지 몰라도, 신앙생활을 할 때 이러한 이야기들을 아는 것이 별로 도움이 되지 않는다고 생각하기 때문이다. 과연 은혜언약과 언약의 점진적 발전을 안다고 했을 때 우리의 삶이 어떻게 변화될 수 있을까?

은혜언약을 믿는 자의 가장 큰 확신은, **내 삶이 어떤 일을 경험하든지 간에, 부분적 성취는 언제나 있다**는 사실이다. 하나님이 언약을 발전시켜 나가시는 과정을 실패로 보아서는 안 되고, 점진적인 과정으로 보아야 한다고 했다. 우리의 삶도 마찬가지다. 하나님께서 내 삶을 하나님 앞에 서는 날까지 이끌어 가실 때, 세상적으로 무의미하고, 실패한 일들처럼 보이는 과정 속에서도, 하나님은 내 삶을 향해 뜻하신 일들을 여전히 부분적으로 성취해가고 계심을 믿을 수 있게 되는 것이다.

제발 대신 말 좀 해 주세요

초대교회 교부 어거스틴이 방황했던 이야기이다. 어머니 모니카는 아들이 마니교에 빠지고, 음란에 빠지고, 온갖 방탕한 일을 하다보니 아들을 볼 때마다 너무 걱정이 되었다. 그러다가 한 감독(지금으로 말하면 목사)을 만나서 하소연했다. "감독님, 제발 우리 아들한테 제대로 살라고, 죄악을 버리라고 한 마디만 좀 해 주세요. 이러다가 제 아들 죽겠어요." 그러자 그 감독은 "걱정 마세요 어머님. 자기가 헤매다가 알아서 돌아오게 될 겁니다"라고 대답했다.

어머니로서는 전혀 마음에 들지 않는 대답이었다. 아들이 당장 돌아오게 훈계하기는커녕, 방황하고 있는데 내버려 두라니, 이건 실패를 가만히 두라는 말이 아닌가? 어거스틴의 어머니는 집요하게 물고 늘어지며 제발 좀 아들에게 한 번만 직접 말해 달라고 귀찮게 굴었다. 그 이후의 이야기이다.

그가 이렇게 말해도 어머니는 흡족하게 여기지 않고 계속 울며불며 꼭 한 번 가서 나에게 말 좀 해 주라고 간청을 했습니다. 이렇게 귀찮게 구는 어머니의 간청에 그는 약간 짜증을 내면서 "자, 이제 돌아가시오. 염려할 것 없습니다. 이렇게 흘리는 눈물의 자식이 망할 리 없습니다"라고 말했다는 것입니다. 그 후 어머니는 가끔 나와 이야기할 때마다 그때 자기는 그 감독의 대답을 하늘로부터 들려 온 음성으로 받아들였다고 말해 주었습니다.[21]

하나님을 뜨겁게 사랑했던 어거스틴은 언제부터 만들어지고 있었는가? 어거스틴이 방황하여 어머니가 눈물로 기도하며 조급해할 때부터 만들어지고 있었다. 다 망한 상황처럼 보여도, 도저히 아들이 변하지 않을 것처럼 보여도, 하나님은 모니카로 하여금 눈물로 기도하게 하셨고, 그 눈물은 여전히 어거스틴을 만들어가는 부분적 성취의 도구로 사용되었다. 하나님의 약속 안에서 우리 삶의 모든 순간 속에는 부분적인 성취들로 가득 차 있다.

하나님의 약속은 언제나 점진적으로 이루어지며, 그 단계마다 하나님이 뜻하신 부분적 성취가 언제나 있다는 것을 믿는가? 그것을 구체적으로 적용해 보라. 자녀가 방황하는 시기에도 하나님이 그 상황에 계획하고 의도하신 일들은 여전히 이루어져가고 있음을 믿는가? 취업이 늦어지고, 결혼이 늦어지고, 질병의 치유가 늦어지는 이 시기에도, 하나님이 이 순간을 통해서 이루어가실 일이 있음을 믿는가? 세대주의 관점의 신앙생활은 언제나 나의 오늘을 실패로 볼 수밖에 없게 만든다. 하나님마저 나의 실패 때문에 다른 약속을 제시하셔야 하기 때문이다. 그러나 개혁주의 관점의 신앙생활은 언제나 나의 오늘을 성취로 본다. 인간 실패의 역사가 하나님의 실패가 되는 것은 아니기 때문이다.

오래 기도하는 바로 그것

대학생 시절, 교회에서 하는 특별새벽기도회에 열심히 참여했다. 대학생은 방학이 되면 할 일이 없어진다. 나보다 나이가 많은 교회 청년 선배들이나 집사님들은 새벽기도가 끝나자마자 출근하기 바빴다. 나는 다시 하숙방으로 들어가는 것 말고는 하루 종일 여유로운 생활의 연속이었다. 시간을 이렇게 쓰면 안 되겠다 싶어 다짐했다. 매일 새벽기도가 끝나면 나는 자리에 남아 1시간씩 더 기도하고 가리라! 그렇게 매일 새벽마다 거의 2~3시간을 기도에 쏟았던 기억이 난다. 내심 기대했다. '한 달 간의 특별새벽기도가 끝나면, 무엇이 될지는 모르지만 하나님께서 특별히 오래 기도한 나에게 특별한 은혜를 베풀어 주실 거야!'

그러나 특별새벽기도가 끝나는 주간이 되었는데 마음속에 의심이 들기 시작했다. 삶에는 아무런 내적인 변화도, 외적인 기적도 일어나지 않았다. 진로는 여전히 캄캄하고, 내면에는 오히려 기도와 신앙생활에 대한 지침에 지겨움마저 일어날 지경이었다. 마지막 날, 나는 솔직하게 주님께 물었다.

"주님, 조건적인 것은 절대 아니지만, 제가 이번 기간에 이렇게 오래 기도하며 하나님을 사모했던 것에 대해서 혹시 주시고 싶은 은혜 없으세요? 혹시 제가 이 기도를 통해서 무엇을 알기를 원하시나요? 혹시 이 기도를 통해서 하나님께서 저에게 하시고자 하시는 일이 있다면 보여 주세요!" 기대 반, 푸념 반이었다.

마지막 날, 마지막 기도시간이 끝나가고 있는 시점이었다. 하나님은 침묵하셨다. 이대로 나의 기도의 여정이 끝나는구나 생각했다. 기도만 하다가 다른 것은 아무것도 못한 채 방학을 날렸다는 허무함마저 들었다. 차라리 열심히 놀러나 다닐 걸! 이제 일어나서 다시 학교생활을 시작하는 것만 남았다.

기도를 마치고 일어나기 5분 전쯤이었던 것으로 기억한다. 간절히 마지막 대답을 기다리고 있던 때에, 하나님이 내 마음에 이런 확신을 주셨다. "창희야, 네가 이 긴 기간 동안 기도로 헌신했지? 무엇인가 응답을 바란다고 했지? 내가 그 응답을 주마. 창희야, 이번 기간의 내 응답은, 오랜 기도시간, 바로 이거야!"

머리 속에 물음표가 떠올랐다. 오랜 기도시간? 기도 자체가 응답이라고? 한참 생각하고서야 이해할 수 있었다. 지나고 나서 돌이켜 봤을 때 하나님은 그때부터 나를 목회자로 준비시키고 계셨음이었다. 그 부분적인 성취 중의 하나로 내게 주시고 싶었던 선물이 있었던 것이다. 오랜 기도시간이 대체 뭔가? 목사에게는 오래 기도할 줄 아는 것! 바로 그게 선물이었던 것이다. 나는 이것이 진정으로 내 평생에 주신 하나님의 선물임을 알았다.

나는 기도의 자리에 오래 앉아 있는 것이 어렵지 않다. 개척과 동시에 신학대학원을 다녔던 정신없던 시절에도, 온갖 새벽과 저녁 예배를 제외하고도 개인 기도 시간을 매일 한 시간씩 따로 가졌다. 요즘도 두 시간 정도는 오로지 기도시간으로 보내려고 힘쓴다. 늘 어렵고 힘든 일이지만, 언제부터 이 기도에 대한 중요성을 깨달았나 생각해 보면, 아무 응답이 없다고 생각했던, 오로지 기도 자체가 목적이었던, 그때 그 방학의 기간이었다. 하나님은 그때에도 목회자로 준비시키시기 위해 나를 부분적으로 만들어가고 계셨다.

내 삶의 어느 순간에나 하나님께서 부분적으로 이루시고자 하는 뜻이 있다면 스스로에게 한번 물어 보라. 지금 내 삶에 다루시기를 원하시는 것은 무엇인가? 지금 특별히 하나님이 일하고 계신 영역은 어디인가? 내 교만을 깨뜨리고 계신가? 탐욕을 다루고 계신가? 섬김을 가르쳐 주고 계신가? 게으름을 버리라고 말씀하시는가? 내 삶의 그 순간에 다루고 계시는 주제들이 무엇인지 면밀히 분별할 때, 언약 안에서 일하시는 하나님의 일하심을 발견할 수 있을 것이다.

은혜언약을 믿는 자의 확신 2.
성취는 나를 넘어선다

하나님께서 우리에게 주신 언약이 점진적으로 성취됨을 믿는 사람들은, 점진적인 성취를 관계 속에서도 적용할 수 있어야 한다. 즉, 하나님의 일하심은 내 삶 속에서도 진행되지만, 내 삶 밖에서도 점진적으로 진행된다. 무슨 말인가? 하나님께서 주신 약속은 나를 넘어서 나의 사랑하는 사람들, 나의 가족, 나의 주변에까지 확장된다는 말이다.

> 내가 **너로 여자와** 원수가 되게 하고 **네 후손도 여자의 후손과** 원수가 되게 하리니 여자의 후손은 네 머리를 상하게 할 것이요 너는 그의 발꿈치를 상하게 할 것이니라 하시고(창 3:15).

신학자들은 원복음이 제시되어 있는 이 성경 구절을 '개인 – 후손 – 개인'의 구조로 보았다.[22] 맨 처음 하나님은 '너'(마귀)와 '여자'가 서로 원수가 되게 하신다. 그런데 그다음은 '후손'이 나온다. '네(마귀) 후손'과 '여자의 후손'이 대조된다. 이 원복음의 약속은 한 사람에 대한 것이 아니라 후손에 대해서 확장되는 약속이라는 뜻이다. 그리고 그 모든 후손에 대한 약속은, 예수 그리스도라는 '여자의 후손' 한 개인에 의해서 성취될 것이다. 즉, 하나님이 주신 은혜의 점진성은 개인적 삶에 대한 기대 뿐만 아니라, 나를 통해 주변에 확장되어 갈 일들을 기대하는 데까지 나아가야 한다.

하나님이 행하시는 일은, 내 주변 사람들과도 밀접한 연관이 있다.

지브리의 천재들

일본의 애니메이션 회사 '지브리 스튜디오'는 영화 〈센과 치히로의 행방불명〉, 〈이웃집 토토로〉 등 우리가 익히 잘 알고 있는 유명한 작품들로 알려져 있다. 위대한 작품들의 배후에는 위대한 사람이 있다. 미야자키 하야오 감독이다. 그런데 이 감독의 이야기가 아니라, 그의 옆에 있는 사람의 이야기를 보자.

애니메이션에서 감독이 기획가라면, 애니메이터는 실행가이다. 마로라는 애니메이터가 있었다. 기존에는 미야자키 하야오 감독이 거의 홀로 작품을 담당했는데, 어떤 새로운 애니메이션을 준비하며 이제는 새로운 감독을 키워야겠다는 마음에 마로에게 많은 것을 맡기기 시작했다.

애니메이션을 만들 때는 시나리오를 바탕으로 어떻게 화면을 구성하고, 어떤 템포로 갈지 결정하는 기획을 모두 '그림 콘티'로 진행한다고 한다. 처음으로 이 마로에게 그림 콘티를 맡겼는데 문제가 생겼다. 마로에게 맡겨 놓은 그림을 보니 온갖 쓸데없는 것까지 모든 내용을 그림 콘티에 그려 놓았던 것이다.

> 마로의 은신처에 가서 앞부분의 그림 콘티를 본 순간, 나는 경악해서 입을 다물 수 없었다. 쇼우가 할머니와 차

를 타고 저택에 도착하기까지 한 부분도 생략하지 않고, 어디에서 커브를 도는 것까지 꼼꼼히 그려져 있던 것이다.[23]

베테랑이었던 하야오 감독은 마로를 훈계했다. "야! 지금 시간도 없는데 이 포인트만 그리면 되잖아! 다시 해 와." 다음 날 다시 콘티를 확인한 감독은 또 다시 분노했다. 새롭게 다시 그려온 콘티에도 여러 가지 잡다한 내용이 모두 삽입되어 전개를 방해하고 있었던 것이다. "도대체 왜 이렇게 그리는 거야?"라는 질문에 마로는 "아, 그냥 버릇입니다"라고 말했다. '이렇게 실력이 없는 애가 아닌데, 왜 자꾸 이럴까?' 의아해진 하야오가 마로에게 영문을 물으니 그가 결국 고백했다.

캐릭터의 연기를 그려서 가져가면 미야에게 매번 이러쿵저러쿵 지적을 받다보니 모든 상황을 자세히 그리는 습관이 생겼다는 것이다. 나는 그 말을 듣고 커다란 충격을 받았다.
"그러니까 내가 지적할 때를 대비해 전부 그렸다는 건가?"
"그렇습니다."
이럴 때는 감탄해야 할까, 아연해야 할까.

"이제 그렇게 하지 않아도 되니까 처음부터 자네가 그리고 싶은 대로 그리게."[24]

마로의 대답은 바로 "내가 왜 이렇게 그리는 줄 아세요? 바로 당신 때문이예요!"였다. 하야오의 요구와 평가가 매번 바뀌고, 제멋대로이기 때문에 하야오를 만족시키기 위해 모든 디테일과 상황을 그려놓고, 지적할 때마다 바꾸어가면서 하야오를 만족시키기 위해 노력했다는 것이다. 그렇다면, 이렇게 말할 수 있지 않을까? 하야오 감독은 자신이 애니메이터를 키워야 한다고 생각했다. 맞다. 그러나 다른 일도 함께 벌어지고 있었으니, 마로도 하야오를 키우고 있었던 것이다. 마로는 하야오의 까다로움에 맞추기 위해 모든 콘티를 그려 내며 요구에 부응하기 위해 발버둥쳤고 그 모든 것이 지브리의 오늘을 만들어 냈다. 서로가 서로를 키워가며 거대한 애니메이션 제국이 만들어지고 있었던 것이다.

교회가 곧 전부다

하나님의 사람들에게 주어진 약속은 결코 내가 그리스도인으로서 잘 살아 내고, 하나님께 영광 돌리는 것에만 갇혀 있지 않다. 내게 주신 약속은 무조건적으로 다음 세대에, 주변에, 후손에 확장된다.

『그리스도인 이제 어떻게 살 것인가』를 쓴 찰스 콜슨은 한 사람이 행동하는 윤리의 기반이 어떻게 사회 전체와 연결되어 있는지 범죄율과 관련된 연구 결과를 이야기하면서, 교회로부터 퍼져나오는 확장력을 다음과 같이 기록했다.

술집과 술가게들이 많은 지역의 범죄율이 가장 높았고, 교회가 가장 많은 지역의 범죄율이 가장 낮았다. 교회에서 활동적인 젊은이들이 학업을 모두 마치고, 혼외임신을 하지 않으며, 직업을 갖고, 법적으로 문제되는 일을 하지 않을 가능성이 가장 높음을 보여준다. 범죄 예방에 있어 가정 구조보다 교회 출석이 더 중요한데, 아버지가 없는 가정에서 자라는 것이 아주 나쁜 부정적 영향을 미친다는 사실을 감안하면 이는 매우 중요한 발견이다.[25]

무슨 말인가? 하나님 말씀에 순종하는 교회가 존재하고 그것을 따르는 사람이 있다는 것이 그 주변 사회와 분위기를 모두 바꿀 수 있는 힘이 되는 것이다.

한 가정이 곧 전부다

찰스 콜슨을 옛날 사람이라고 생각하기 쉽다. 그러나 하나님이 약속하신 언약의 성취가 나를 넘어서게 됨을 증명하는 최근의 조사 결과가 있다. 『Troubled』의 작가 로버트 핸더슨이라는 사람이 있다. 그가 쓴 이 책은 미국을 비롯하여 전 세계의 베스트셀러가 되었다. 한국어로 아직 번역이 되지 않았는데, '고난', '역경' 정도의 제목이 되겠다. 저자는 부모의 이혼과 마약, 입양과 버려짐 속에 살았으나 역경을 딛고 명문대를 졸업하는 성공을 이뤄 낸다.

실제로 역경을 통과하는 어린 아이들에게 그 역경을 딛고 건강한 사회인이 되려면 어떤 요소가 가장 중요한지를 연구를 통해 살펴본 결과 충격적인 사실을 발견해 낸다.

많은 전문가들은 가난하거나 어려운 아이들에게 '교육'을 시켜야 하며, '재정'을 지원해야 그들이 어려움에서 벗어날 수 있다고 말한다. 물론 맞는 말이지만, 그 모든 것을 압도하는 한 가지 비밀이 있었다고 한다. 바로 '안정적인 가족'(stable family)이었다. 핸더슨은 예일 대학에 입학해서 친구들과 이야기를 나누다가 놀라운 사실을 발견하게 된다. 자신의 20명의 친구 중 18명의 친구가 '친부모'(birth parents) 밑에서 양육받은 아이들이었다는 사실이다. 가정의 재정 형편과 관계 없이, 다양한 수준의 재정 형편에서 동일하게 적용되는 결과는, 바로 안정적인 가정 안에서 양육된 아이들이 훨씬 더 건강한 사회 생활을 영위하게 된다는 것이었다.

부유한 가정 환경에 자란 아이들과 비교하여, 저소득층 가정 환경에서 자란 아이들이 훨씬 더 위험한 행동을 하거나 성인으로서 범죄를 일으킬 확률이 높음을 발견했다. 그러나, 안정적인 가정 환경에서 자란 아이들과 비교해 보니, 불안한 가정환경에서 자란 아이들이 훨씬 더 해롭고 파괴적인 행동을 할 확률이 많음을 발견하였다. 가계의 소득이 동일하다고 가정할 때, 연구자들은 아동기 환경의 불안함과 해로운 행동 사이의 관계가 매우 높음을 발견하였다.[26]

이 시대 문화는 우리를 어떻게 속이는가? 아이를 키우고 싶지만, 돈이 없으면 좋은 교육을 제공해 줄 수 없기에 아이에게 불행을 주기보다는 차라리 낳는 것을 포기하겠다고 한다. 교육을 잘 시킬 수 없어서, 훌륭한 후손을 길러내지 못해서 서럽다고 한다. 과연 그런가? 돈과 형편 때문에 남편과 아내가 서로를 원망하다가 서로 싸운다. 그러나 돈보다 혹시 가정을 잘 지키지 못해서 그 자녀들이 무너지는 것은 아닌가? 내 후손과 주변에 좋은 영향력을 미칠 수 있는 무기는 의외로 우리 손에 있다. 하나님 앞에서 좋은 남편과 좋은 아내로서 서로 사랑하면서 지내는 것을 최고의 목표로 삼으라. 남편과 아내 사이의 일인 것 같지만 이 성취는 나를 넘어서서 가정으로, 후손으로 흘러 사회에 좋은 문화를 만들어 내게 된다.

사방으로 확장되는 하나님의 은혜

하나님이 은혜를 주신다는 약속을 믿을 때, 결코 내 자신의 삶에만 갇혀 생각하지 말라. 못된 팀장이 나에게 인내를 가르치기도 한다. 한편 내가 거래처에서 우연히 만난 사장님께 나를 통해 복음이 흘러가기도 한다. 하나님은 다른 사람을 통해서 나를 향한 하나님의 뜻이 성취되게 하실 것이다. 또한 하나님은 나를 통해서 다른 사람을 향한 하나님의 뜻이 성취되게 하시기도 한다. 나에게 갇히지 말고, 나를 넘어서는 하나님의 성취를 기대하라. 성취는 나를 넘어선다. 이것이 은혜언약, 즉 여자의 후손이 누리게 될 승리를 기다리는 자들의 삶의 태도이다.

은혜언약의 이유

창세기 3장 15절을 읽으면서 마지막 갖게 되는 의문은 이것이다. 하나님은 왜 자신의 원수였던 사람을 자신의 편으로 만드시고, 마귀만을 대적하시겠다고 말씀하신 것일까?

바로 그 질문에 대한 대답이 은혜의 본질이다. 하나님은 그렇게 하실 의무가 없으신 일을, 자신의 의무로 선택하셨다. 파머 로버트슨은 은혜언약을 이렇게 설명한다.

사람이 전능자의 뜻을 거역하고 뱀 곧 사탄과 결탁했기 때문에 하나님은 사람에게 절대로 아무 의무가 없으셨다. (…) 그러나 하나님은 은혜로우시다. 하나님은 맹세로 자신을 제한하신다. 사람이 배은망덕하고 이기적인 반역자임을 증명했다고 해도 하나님은 스스로 죄인에게 의무를 감당하기로 선택하셨다.[27]

나의 유익을 자신의 의무로 삼으신 분

은혜언약에서 나타난 하나님의 사랑은 이렇게 정리할 수 있다. **하나님은 나의 유익을 자신의 의무로 삼으신 분**이다.

하나님은 자신의 일을 하다가, 우리가 도움이 필요할 때 우리를 도우시는 분이 아니다. 하나님은 창세기 3장 15절을 통해 스스로 자신을 제한시키셨다. 우리를 죄악에서 건지시는 것을 자신의 '의무'로 삼으셨다. 나를 살리는 것을 꼭 하셔야만 하는 분이다. 나에게 유익이 되는 일을 내 평생의 여정에 펼치셔야만 하는 '의무'가 있으신 분이다. 그렇게 하지 않으면 하나님 스스로 자신이 하신 약속을 지키지 못하시게 되는 상황에 스스로 가두신 분이다. 그 약속을 스스로 지키시기 위해 하나님은 자신의 아들 예수 그리스도를 보내어 십자가에 못박히게 하시고 죽음에 가두셨다.

> 그는 근본 하나님의 본체시나 하나님과 동등됨을 취할 것으로 여기지 아니하시고 오히려 자기를 비워 종의 형체를 가지사 사람들과 같이 되셨고 사람의 모양으로 나타나사 자기를 낮추시고 죽기까지 복종하셨으니 곧 십자가에 죽으심이라(빌 2:6).

내가 내 자신을 제한하는 이유

우리의 삶은 하나님을 떠나 죽음에 갇힐 운명이었다. 그러나 우리에게 최상의 유익을 주시는 것을 자신의 의무로 삼으신 하나님 때문에, 나는 예수님 안에서 삼위일체 하나님이 누리고 계셨던 영생을 거저 받는 존재가 되었다. 이것을 믿는가? 그 영생을 소유하게 된 것이 나의 유익을 위해 자신을 제한하신 하나님의 약속 때문이었음을 믿는가? 그 사랑을 묵상할 때 나의 신앙생활도 달라질 수 있다. 지금까지는 하나님께 벌을 받을까 봐 내 자신을 죄악에서 절제했다. 지금까지는 하나님께 복을 받을 수 없을까 봐 내 자신이 억지로 하나님 앞에 붙어 있었다. 그러나 하나님이 자신을 어떻게 언약 안에 가두셨는지 깊이 깨달을 때 우리의 순종의 동기는 달라지기 시작한다.

스스로 자신을 제한하신 분 때문에 내가 그렇게 되었음을 믿는다면, 이제 내가 하나님의 말씀에 순종하며, 내 자신을 말씀 안에 제한하는 이유가 달라진다. 순종해야만 구원과 복을 얻기 때문이 아니라, 이제는 자신을 제한하신 그 은혜 입은 자의 합당한 반응으로서, 그리고 이 길이 나에게 가장 행복과 유익을 가져다줄 것을 확신하기 때문에 순종하고 싶어지는 것이다. '나의 유익을 영원한 자신의 의무로 삼으신 분 앞에서, 하나님 앞의 순종을 내 평생의 의무로 삼게 하소서.' 이것이 은혜언약 안에 있는 자들의 고백이다.

오늘 내가 붙들어야 할 은혜언약

- **정의**
  인간이 행위언약에 실패했음에도 불구하고, 하나님이 주도적으로 사람의 편에 서서 원수 마귀를 물리쳐 죄를 지은 인간을 조건 없이, 값없이 구원하시겠다는 약속.

- **특징**
  창세기 3장 15절의 '원복음'부터 은혜언약이 시작되며 은혜언약 안에 노아언약, 아브라함언약, 모세언약, 다윗언약, 새언약 등이 모두 포함된다.

- **적용**
  ❶ **부분적 성취는 언제나 있다**: 언약 성취의 과정은 점진적이다. 그러므로 삶의 모든 여정은 실패가 아니라 하나님이 의도하신 계획들이 부분적으로 성취되는 과정이다.
  ❷ **성취는 나를 넘어선다**: 여자와 마귀가 원수가 될 뿐만 아니라 여자와 마귀의 후손도 원수가 되기에, 하나님은 나를 넘어서서 나의 주변, 자녀, 공동체를 통해 하나님의 나라를 확장하시기를 원하신다.

아무 조건 없이 인간의 편에 서서서
원수 마귀를 물리치고 은혜를 베푸신 주님 감사합니다.
내가 겪는 모든 일들을 은혜언약이 점진적으로 성취되어 가는
모든 과정으로 보게 하여 주옵소서.
나에게만 부어지는 은혜에 머무르지 않게 하시고, 내가 영향을
미치는 모든 관계를 통해 하나님의 나라가 확장되게 하옵소서.

내가 너희와 언약을 세우리니
다시는 모든 생물을 홍수로 멸하지 아니할 것이라
창 9:11

{ # 4

[노아언약]

무조건 다시
봄이 온다

창세기 9:8-17

은혜언약, 은혜언약들

창세기 3장 15절부터 은혜언약이 시작된다. 이 은혜언약이 예수님의 십자가 죽음과 부활로 완성되기까지는 점진적인 단계를 거친다. 신구약 성경 안에서 은혜언약은 보통 노아언약, 아브라함언약, 모세언약, 다윗언약, 새언약으로 구분할 수 있다.

우리는 은혜언약이라는 말을 종종 들어 봤어도, 그 풍성함을 깊이 묵상해 본 적은 드물다. "하나님이 은혜로 나를 구원해 주시나 보지, 뭐"라는 뭉뚱그린 이해 속에 은혜의 감격도 내 실제적인 삶과 동떨어지는 경우가 많다. 은혜언약을 구성하는 세부적인 언약들은 우리 삶 전체를 둘러싸고 있다. 각각의 언약들은 우리 삶의 특정한 주제들과 영역들을 강조하며 약속을 제시한다. 따라서 다양한 언약을 세부적으로 이해할수록, 우리 삶의 모든 영역 속에 함께하시는 하나님의 약속과 그의 인도하심을 더 생생히 느낄 수 있다.

노아언약: 세상은 망하지 않는다

창세기 3장 15절에서 하나님은 사람을 마귀와 원수가 되게 하겠다고 말씀하셨다. 사람을 하나님과 같은 편에 두신 것이다. 사람이 하나님을 떠나 악에 빠져 있음에도 불구하고 하나님은 은혜의 계획을 실행하고 계심이 노아언약에 처음 나타난다. 노아언약은, **최후의 종말이 올 때까지, 이 땅의 모든 생명과 자연 질서를 보존하시기로 약속하신** 언약이다.

여호와께서 사람의 죄악이 세상에 가득함과 그의 마음으로 생각하는 모든 계획이 항상 악할 뿐임을 보시고 땅 위에 사람 지으셨음을 한탄하사 마음에 근심하시고 이르시되 내가 창조한 사람을 내가 지면에서 쓸어버리되 사람으로부터 가축과 기는 것과 공중의 새까지 그리하리니 이는 내가 그것들을 지었음을 한탄함이니라 하시니라 그러나 노아는 여호와께 은혜를 입었더라(창 6:5-8)

온 땅의 사람들은 악했지만, 하나님은 은혜를 실행하고 계신다. 따라서 노아언약을 하나님의 실패로 읽어서는 안 되고 하나님의 은혜언약의 부분적인 성취의 과정으로 읽어 내야 한다. 6-8장에 이르는 하나님의 홍수 심판 이후에 하나님은 노아와 언약을 맺으신다.

> 내가 너희와 언약을 세우리니 다시는 모든 생물을 홍수로 멸하지 아니할 것이라 땅을 멸할 홍수가 다시 있지 아니하리라(창 9:11).

하나님은 지금 세상이 멸망하지 않을 것임을 약속하고 계신다. 하나님이 뜻하신 날이 오기 전까지는 세상과 인간 문명이 결코 멸망하지 않을 것임을 약속해 주고 계신 것이다.

조건이 없다

만약 사람들이 노아 시대보다 훨씬 더 많은 죄악을 저지르고 하나님을 거스른다면 어떻게 될까? 참을 수 없으시면 하나님께서 다시 한번 홍수로 이 땅을 쓸어버리실까? 결코 그렇지 않다. 이것은 하나님이 직접 약속하신 것이다.

노아언약에는 하나님이 세상을 멸망시키지 않으시겠다는 내용에 그 어떤 조건도 달려 있지 않다. 사람이 더 악해진다고 해서 하나님이 마음을 바꾸시지는 않는다는 뜻이다. 때문에 부분적으로 이 세상에 재앙이나, 화산 폭발이나, 지진이나, 해일이나 여러 가지 공포스러운 일들이 일어날 수는 있지만 그것이 하나님이 약속하신 보존의 언약이 취소됨을 의미하지는 않는다. 조건이 없음을 확인해 보라.

노아가 여호와께 제단을 쌓고 모든 정결한 짐승과 모든 정결한 새 중에서 제물을 취하여 번제로 제단에 드렸더니 여호와께서 그 향기를 받으시고 그 중심에 이르시되 내가 다시는 사람으로 말미암아 땅을 저주하지 아니하리니 이는 사람의 마음이 계획하는 바가 어려서부터 악함이라 내가 전에 행한 것 같이 모든 생물을 다시 멸하지 아니하리니 땅이 있을 동안에는 심음과 거둠과 추위와 더위와 여름과 겨울과 낮과 밤이 쉬지 아니하리라(창 8:20-22).

무조건 다시 봄이 온다

하나님은 조건이 없는 것에 대해 이 약속의 효력을 누리는 수혜자, 즉 약속의 대상도 분명히 말씀하고 계신다. 노아언약은 누구에게 주어지는가? 모든 피조 세계에 주어진다. 즉, 노아언약은 구속받은 사람에게만 주어지는 것이 아니다. 그래서 노아언약을 일반언약이라고 부르기도 한다.

차별이 없다. 조건도 없다. 순종을 요구하지 않는다. 그래서 '비구속적 언약'이라고도 부른다. 그 어떤 헌신적 행위도 인간에게 요구되지 않는다.

> 하나님이 이르시되 내가 나와 너희와 및 너희와 함께 하는 모든 생물 사이에 대대로 영원히 세우는 언약의 증거는 이것이니라(창 9:12).

따라서 노아언약을 믿는 자에게는 다음과 같은 확신이 따른다. 문학적으로 표현해서 '무조건 다시 봄이 온다'라는 것이다. 하나님의 사람들은 이 진리를 믿는다.

최근 기후 위기론이나 지구의 환경 변화를 근거로 하여 세상의 종말을 걱정하는 그리스도인 혹은 일반인들이 많다. 지구가 이렇게 뜨거워지면 이제 인간은 지구에서 살 수 없는 게 아닐까? 화성으로 도피해야 하는 것은 아닐까? 이렇게 많은 쓰레기와 이렇게 많은 플라스틱은 결국 인간 스스로 지구에 사는 것을 포기하는 자살 행위가 되는 것은 아닐까? 뉴스에서 기후 변화와 관련된 이야기를 들을 때마다 결국 이런 일들이 주님의 다시 오심을 초래하게 될 것임을 추측하게 만든다.

청지기 의식을 가지고 피조 세계를 관리하려는 노력은 그리스도인의 평생의 사명이다. 다만 기억할 것은, 노아언약을 믿는다면 그 모든 행위가 종말에 대한 두려움으로 연결되어서는 안 된다는 것이다. 하나님은 환경의 변화와 관계없이, 하나님의 때까지 이 피조 세계를 지키시고 보호하실 것을 약속하셨다.

지탱하시는 은혜

노아언약은 이 피조 세계가 유지되는 것이 하나님의 약속 때문임을 알려준다. 왜 매일 해가 뜨는가? 왜 피조 세계는 이 많은 변화 속에서도 유지되고 조정되며 제자리를 찾아 나가는가? 우리는 매일 접하는 자연의 질서 또한 하나님이 그렇게 약속하셨기에 우리가 누릴 수 있는 하나님의 선물 중의 하나인 것을 알게 된다.

이같이 한즉 하늘에 계신 너희 아버지의 아들이 되리니

이는 하나님이 그 해를 악인과 선인에게 비추시며 비를 의로운 자와 불의한 자에게 내려 주심이라(마 5:45).

자연의 움직임 중에 원래 그런 것은 없다. 그리스도인에게 원래 그런 것은 없어야 한다. 자연 세계가 유지되는 것 자체도 은혜언약이 실행되고 있는 한 영역임을 알고 그 은혜에 감사하는 것이 신자의 자세이다.

노아언약을 믿는 자의 확신 1. 사명이 있다

왜 하나님은 피조 세계를 보존하시기로 약속하셨는가? 그 이유도 성경의 모든 언약을 연결시켜서 이해해야 한다. 궁극적인 이유는 단 한가지 뿐이다. 영원 전에 하나님께서 택한 자를 구원하시려는 약속이 있었다고 했다. 은혜언약은 그 실행의 일부다. 하나님은 심판 날까지 자신의 택한 자들을 구원하시기 위하여, 피조 세계 전반에 흐르는 약속의 기둥을 먼저 세우신 것이다. 그것이 노아언약이다. 하나님이 택하신 사람들이 모두 구원받기 전까지 이 피조 세계는 안전할 것이라는 보장이다.

따라서 노아언약을 믿는 그리스도인들은 이 보존의 기간 동안에 궁극적으로 복음을 증거하고, 많은 사람을 제자 삼는 데에 헌신해야 한다. 예수님은 분명 종말이 기후 변화와 연결되어 있지 않고, 천국 복음의 전파와 연결되어 있다고 말씀하신다. 자연의 종말은 자연 세계의 변화와 관계가 있는 것이 아니라, 복음 전파와 관계가 있다는 것이다!

이 천국 복음이 모든 민족에게 증언되기 위하여 온 세상에 전파되리니 그제야 끝이 오리라(마 24:14).

하나님께서 이 피조 세계를 지탱하시는 보존의 섭리는 일시적인 것이다. 분명한 목적이 있는 것이다. 다른 어떤 일들을 하더라도 궁극적으로 전도하는 일, 복음을 증거하고 말하는 일에 참여하는 것을 부끄러워하지 말고 열심을 다해서 참여해야 한다.

기숙사 방에 찾아온 전도자

나는 목사가 되기 전에 3년 정도 직장생활을 했다. 업무 배치를 받기 전 약 6개월간 기업의 공장에서 숙식을 하며 현장을 배우는 신입사원 교육을 받던 때였다. 함께 입사한 수십 명의 동기들이 각각 한 명씩 기숙사에 배정을 받고, 매일 교육을 듣고 현장 실습을 하는 지루한 날들의 반복이었다. 어느 날 기도 중에, 이 교육이 끝나면 각 부서에 파견될 동기 직원들을 가까이서 볼 수 없겠다는 생각이 들었다. 그래서 다짐했다. '이 교육이 끝나기 전에 각 방을 찾아다니며 동기들에게 복음을 전하리라!'

전도는 생각보다 쉬웠다. 교육이 끝나면 늘 방에서 혼자 시간을 보내던 직원들은 음료수를 사들고 자기 방에 찾아온 나를 흔쾌히 맞아 주었다. 시간을 내어 찾아 온 사람을 어떻게 거절할 수 있겠는가? 내가 무슨 말을 꺼내든 나를 함부로 내보낼 수 있는 사람은 없었다.

매일매일 주 단위의 계획표를 짜서 전략적으로 한 명씩 전도하기 시작했다. 교육 받기 지겹다는 이야기, 여자친구랑 헤어졌다는 이야기, 집에 부모님이 아프시다는 이야기, 아직도 진로 고민을 하고 있다는 이야기… 여러 이야기를 듣다가 나는 내가 믿는 예수님에 대해 이야기했다. 거부하는 친구들도 있었지만, 자신이 예전에 신앙생활을 했다는 고백들도 있었고, 나와 함께 영접기도를 따라하는 친구들도 다수였다.

하지만 늘 전도를 하며 드는 회의감이 있었다. '이런다고 이 친구들이 교회를 올까?' 사는 곳도 모두 다르고, 나랑 친한 사람들도 아니라서 결국 내가 계속 챙겨줄 수 없는 사람들이니, 아무리 영접기도를 했어도 내가 그들의 신앙을 책임지거나 계속 이끌어줄 수 없는 노릇이었다. 이렇게 전도해 봐야 허무하게 끝날 것 같다는 생각이 들었다.

신입사원 교육의 마지막 주에 접어들었을 때, 나는 전도를 다 끝마쳤다는 생각보다는 지침과 허탈함에 빠지게 되었다. 다들 신나게 놀고 생각 없이 교육 기간을 보내는데 나만 괜히 이상한, 전도라는 주제에 빠져서 사람들을 들쑤시고 다닌 것 아닌가 하는 자책마저 들었다.

시간이 맞지 않아 전도를 하지 못한 몇 명을 제외하고, 이제 마지막 방에서 친구를 전도하고 있었다. 그런데 그날 따라 이상한 일이 벌어졌다. 원래 모든 동기가 각자 한 방씩 쓰기 때문에 다른 방에 있는 사람들이 나를 방해할 일이 없었다. 그런데 갑자기 심심했던 한 친구가 내가 전도하는 친구의 방에 뭐하냐며 놀러온 것이다.

"○○야, 뭐해?"

"야! 이리 와 봐라, 창희가 지금 날 전도하고 있다!"

조롱 반, 장난 반 섞인 이 대화는 내 전도의 마지막 열정을 사라지게 만들었다. 이렇게 조롱을 당하느니 이제 여기서 그만해야겠다 싶었다. 그런데 다음 대화가 이상하게 흘러가기 시작했다.

"오 그래? 창희야 나도 들어 볼래!"

방에 놀러왔던 동기가 자기도 듣겠다며 옆자리에 앉은 것이다. 그런데 이상하게도, 친구가 방에 들어 오는 것을 복도에 있던 다른 두 명의 친구가 목격하고 "너희들 뭐해?" 하며 따라 들어왔다. 그리고 그것을 본 또 다른 동기가 또 들어왔다. 그렇게 1인실에 약 열 명의 친구들이 갑자기 몰려들었다. 대화는 똑같았다. "야 창희가 지금 전도하고 있대!" 우스워하며 지나가야 하는데 자기도 듣겠다며 모두 그 자리를 둘러쌌다.

창희야, 너 잘하고 있어

기숙사 전도집회였다. 한 명에게 전도하려던 마지막 밤, 내가 아직 복음을 전하지 못한 모든 내 동기가 그 방에 모이게 하셨다. 나는 최선을 다해 십자가를 증거했다. 우리는 모두 죽는다. 하나님의 계획이 있다. 예수님 믿으면 구원 받는다. 주님이 이끌어 주신다… 혹시 몰라서 마지막에 담대히 권면했다. "혹시 믿을 마음이 있으면 나와 함께 지금 영접기도를 다 같이 해 보는 것은 어떨까?" 그 방에 모였던 열 명 정도의 친구들이 모두 그렇게 하겠다며 손을 모았다. 나는 그 순간 강력히 성령이 임재하시는 것을 느꼈고, 친구들에게 양해를 구하며 사진을 찍었다. 친구들이 모두 손을 모은 그 사진을 나는 아직도 가지고 있다.

모두 예수님을 영접하고 "아멘" 했다. 그들은 아직 교회를 다니지 않는 사람도 많고, 나랑 그 이후 다시 만나지 못했던 사람도 많다. 그러나 전도의 허탈함으로 마음이 무너졌던 그날, 주님은 제한된 교육 기간의 시간에 복음을 증거하려는 열정을 놓지 않았던 것에 대해 이렇게 말씀하시는 듯했다. "창희야, 너 잘하고 있어. 넌 내가 원하는 일을 했어. 정말로 옳은 일을 했다."

하나님의 사람들은 자신의 업무와 일상생활을 충실하게 해나감을 통해 하나님께 영광을 돌릴 수 있다. 그러나 그 어느 순간이든 병행해야 할 의무가 있으니 그것이 바로 전도이다. 노아언약은 기후 변화와 관련해서 이해할 것이 아니라 복음 전파의 사명과 관련해 이해해야 한다.

노아언약을 믿는 자의 확신 2.
공존을 무대로 본다

노야언약은 하나님이 자신의 백성을 구원하시는 무대가 어떠한지를 설명해 준다. 자연 세계가 하나님의 뜻하신 날까지 절대 멸망하지 않는다고 했다. 그렇다면 하나님의 사람들이 복음 전파의 사명을 수행하는 현장은 어디인가? 노아언약은 그 무대를 설명해 준다. 하나님의 구원 계획은, 하나님이 택하신 사람들이 모인 곳에서 나타나지 않는다. 하나님의 구원 계획은 하나님을 대적하며, 하나님을 거부하는 사람들과 섞여 있는 상태에서 나타난다.

창세기 3장 15절에는 뱀의 후손과 여자의 후손이 언제나 나누어질 것이 예언되어 있었다. 노아의 족보를 보면 노아 홍수 이후에 계속해서 예언이 실행되고 있음을 알 수 있다.

> 방주에서 나온 노아의 아들들은 셈과 함과 야벳이며 함은 가나안의 아버지라 노아의 이 세 아들로부터 사람들이 온 땅에 퍼지니라 노아가 농사를 시작하여 포도나무를 심었더니 포도주를 마시고 취하여 그 장막 안에서 벌거벗은지라 가나안의 아버지 함이 그의 아버지의 하체를 보고 밖으로 나가서 그의 두 형제에게 알리매(창9:18-22).

노아의 아들이 셈과 함과 야벳으로 나뉘고, 가나안의 아버지 함의 범죄가 기록되어 있다. 아버지의 하체를 보았다는 것에 대한 신학자들의 해석은 다양하다. 다만 이 책에서는 모친과의 근친상간의 범죄였던 것으로 추정해 본다. 왜냐하면 성경은 어머니의 하체를 곧 아버지의 하체로 보았기 때문이다.[28]

너는 네 아버지의 아내의 하체를 범하지 말라 이는 네 아버지의 하체니라(레 18:8).

노아가 술이 깨어 그의 작은 아들이 자기에게 행한 일을 알고 이에 이르되 가나안은 저주를 받아 그의 형제의 종들의 종이 되기를 원하노라 하고 또 이르되 셈의 하나님 여호와를 찬송하리로다 가나안은 셈의 종이 되고 하나님이 야벳을 창대하게 하사 셈의 장막에 거하게 하시고 가나안은 그의 종이 되게 하시기를 원하노라 하였더라(창 9:24-27).

하나님은 노아의 홍수 이후에 다시 세상의 모든 민족이 여자의 후손과 뱀의 후손으로 나누어지게 하셨다. 즉, 하나님은 자신의 자녀들과 하나님을 거부하는 사람들이 공존하면서 그 속에 갈등이 벌어지는 상황들을 계획하신 것이다.

따라서 그리스도인들은 내가 하나님의 자녀라고 해서 세상 사람들과 어울려 살며 생기는 다양한 갈등의 현장을 피하려 해서는 안 된다. 하나님은 믿는 자들이 모여 있는 곳에서만 일하시는 분이 아니다. 믿는 사람들과 믿지 않는 주위 사람들 간에 서로 갈등이 생기고, 미워하기도 하고, 용서하고, 가르쳐주고, 도움받는 다양한 상황을 통해서 자신의 백성들을 부르시고, 가르치시며, 인도하신다.

그리스도인들은 **믿지 않는 사람들과 공존하는 모든 환경을 무대로 보아야** 한다. 그것이 하나님이 허락하신 여정이고, 공존하는 과정 중에 선한 일들이 벌어질 것임을 노아언약을 통해 믿을 수 있기 때문이다.

충돌하는 그리스도인

그러므로 그리스도인은 결코 믿는 사람들끼리 모여 있는데 만족해선 안 된다. 하나님께서 믿지 않는 사람들과 충돌하게 하실 때, 그 무대에 적극적으로 나서야 한다.

사도행전 8장에 보면 빌립이 사마리아에 가서 선교하는 내용이 나온다. 그곳에 시몬이라고 하는 마술로 능력을 행하는 사람이 있었다.

> 빌립이 사마리아 성에 내려가 그리스도를 백성에게 전파하니(행 8:5).

> 그 성에 시몬이라 하는 사람이 전부터 있어 마술을 행하여 사마리아 백성을 놀라게 하며 자칭 큰 자라 하니 낮은 사람부터 높은 사람까지 다 따르며 이르되 이 사람은 크다 일컫는 하나님의 능력이라 하더라(행 8:9-10).

인간이 자기 힘으로 능력을 행하는 곳에서 하나님은 어떻게 일하실까? 하나님은 능력과 능력이 서로 충돌하는 상황을 보이시면서 빌립을 통해 하나님의 능력이 드러나게 하신다.

빌립이 하나님 나라와 및 예수 그리스도의 이름에 관하여 전도함을 그들이 믿고 남녀가 다 세례를 받으니 시몬도 믿고 세례를 받은 후에 전심으로 빌립을 따라다니며 그 나타나는 표적과 큰 능력을 보고 놀라니라(행 8:12-13).

세상에서 일어나는 갈등을 하나님의 방식대로 수행하면 하나님의 뜻이 증거됨을 알 수 있다. 하나님께서 믿지 않는 사람들과 공존하는 무대로 우리를 몰아가실 때, 그 시대, 그 업계, 그 회사에서 요구하는 싸움들에 결코 숨지 말아야 한다.

'고구려인들'이 드린 최초의 예배
방송 업계에서는 작품의 시청률을 위해 소위 대박을 기원하는 무속 행위를 종종 하곤 한다. 돼지 머리도 가져다 놓고, 제사도 드린다. 지금은 목사 안수를 받으신 탤런트 임동진 씨의 고백이 있다.

오래 전 드라마 〈대조영〉을 찍을 때였는데 임동진 씨는 양만춘 장군 역을 맡았다. 그런데 역시나 모든 스텝이 함께 드라마의 성공을 비는 고사를 지내게 되었다. 신앙인으로서 참석하지 않고 지나가려고 했던 임동진 씨의 마음에 더 적극적인 생각이 들었다.

'그러지 말고, 고사 지내는 곳 옆에 함께 예배드리는 곳을 만들자!'

그래서 스텝들을 설득했다고 한다.

"우리 모두 드라마 잘되자고 이렇게 하는 것 아닙니까! 예배를 드려도 똑같은 효과가 나니까 고사 대신에 우리는 예배드리게 해 주십시오."

스태프들이 의외로 임동진 씨의 제안을 받아들였다. 그래서 예배 광고를 하고 그리스도인들을 모았다. 갑옷을 입고, 수염을 붙이고, 고구려 무사 복장을 한 사람들이 세트장에 모여서 드라마를 시작하는 예배를 드렸다. 이걸 보며 임동진 씨는 '고구려인들이 드린 국내 최초의 예배'라고 규정지었다.[29]

웃으며 읽을 수 있는 일화이지만, 상당한 도전을 던져 준다. 노아언약을 믿는 신앙인들은 사명을 어느 무대에서 펼쳐야 할까? 믿지 않는 자들, 하나님을 모르는 자들, 하나님을 대적하는 자들과 공존하는 곳에서 펼쳐야 한다. 하나님이 나를 이 무대에서 사용하실 것을 믿는다면, 적극적으로 충돌하는 다양한 방법들을 모색해야 한다.

약속의 증거, 무지개

하나님은 사람에게 전혀 조건이 없는 이 노아언약을 세우시고, 스스로 이 약속을 지키시겠다는 증거로 무지개를 보여 주셨다.

내가 너희와 언약을 세우리니 다시는 모든 생물을 홍수로 멸하지 아니할 것이라 땅을 멸할 홍수가 다시 있지 아니하리라 하나님이 이르시되 내가 나와 너희와 및 너희와 함께 하는 모든 생물 사이에 대대로 영원히 세우는 언약의 증거는 이것이니라 내가 내 무지개를 구름 속에 두었나니 이것이 나와 세상 사이의 언약의 증거니라(행 9:11-13).

무지개는 히브리어로 '케셰트', 활이라는 뜻이다. 무지개에는 많은 뜻이 담겨 있다. 활을 상상해 보라. 원래 전쟁 중에는 사람이 활을 수직으로 잡는다. 그러나 전쟁이 끝난 평화의 시기에는 활을 등 뒤에 무지개 모양의 수평으로 걸친다. 즉, 무지개 모양의 활은 전쟁 후의 평화를 상징한다. 또한 무지개는 하늘을 향해 활을 쏘는 모양으로 해석할 수도 있다. 이 약속을 지키시는 모든 책임이 하나님께 있다는 하나님의 보장으로도 설명할 수 있다. 인간으로서는 아무 의무도, 조건도 없는 이 약속을 하나님이 실행하시겠다는 확신을 주시기 위해, 하나님은 일부러 이 징표를 인간에게 보여 주신다. 무지개를 볼 때마다 우리는 무조건 다시 봄이 올 것을 확신하며, 내게 주신 사명을 믿지 않는 자와 공존하면서 감당할 것을 다시 다짐하게 된다.

노아언약의 효력정지

노아언약의 효력은 영원하지 않다. 그 효력이 정지하는 날이 온다. 게할더스 보스는 이를 이렇게 표현했다.

> 노아에게 주어진 약속은 땅을 끝나게 할 종말론적 시기에 효력이 제한된다.[30]

노아언약의 효력은 언제 정지하는가? 예수님이 다시 오시는, 이 땅 역사의 종말의 날에 정지한다. 노아언약은 종말을 이해하는 데 있어서 매우 중요한 본문이다. 노아 홍수 사건이 이 땅의 마지막 날에 일어날 일을 미리 보여 주기 때문이다. 노아언약의 효력이 정지되는 순간에 무슨 일이 벌어지는지를 보려면, 노아 홍수 사건을 자세히 보면 된다. 예수님은 이 땅의 마지막 종말의 순간을 노아 홍수를 통해 설명하셨다.

> 홍수 전에 노아가 방주에 들어가던 날까지 사람들이 먹고 마시고 장가 들고 시집 가고 있으면서 홍수가 나서 그들을 다 멸하기까지 깨닫지 못하였으니 인자의 임함도 이와 같으리라(마 24:38-39).

예수님이 오실 때도 마찬가지로, 노아의 홍수가 일어나기 직전의 때처럼 사람들이 일상생활을 지속하고 있을 것이다. 그러나 하나님이 은혜로 세상을 보존하시는 일이 끝나는 날, 세상은 둘로 나뉜다. 심판과 구원은 동시에 오게 될 것이다. 홍수가 노아에게는 구원이었으나, 노아의 방주 밖에 있는 사람들에게는 심판이었다. 마찬가지다. 내가 예수님 안에 있다면, 내가 죽는 날 혹은 예수님이 다시 오시는 날은 나의 구원의 날이다. 내 죽음의 날은 곧 나의 영생의 날이 되기 때문이다. 두려워할 필요가 없다. 그러나 내가 예수님 밖에 있다면, 내가 죽는 날 혹은 예수님이 다시 오시는 그 날은 심판의 날이다. 심판과 구원은 양면적인 것이다.

나는 어느 쪽에 속하였는가

이 땅의 마지막 날, 그날이 나에게 심판이 될지 구원이 될지는 어떻게 알 수 있는가? 하나님 앞에서 내가 당해야 할 심판을 먼저 당하신 분이 있음을 믿는 자에게는 그 날이 구원의 날이 된다. 예수님께서 우리를 대신하여 내가 마지막 날 받아야 할 심판을 대신 받으셨기 때문이다.

> 하나님이 세상을 이처럼 사랑하사 독생자를 주셨으니 이는 그를 믿는 자마다 멸망하지 않고 영생을 얻게 하려 하심이라(요 3:16).

믿는 자마다 멸망하지 않는다. 노아홍수의 효력이 정지하는 때에도 예수 그리스도 안에 있는 자에게는 멸망이 없고 영생이 주어진다는 영원한 안전이 보장되었으니, 노아언약을 믿는 자는 이 땅에서 남은 삶도 확신할 수 있다.

하나님께서 허락하신 이 땅에서 사는 날 동안, 하나님의 뜻하심 없이 이 땅은 결코 망하지 않을 것이며, 하나님께서 나를 지키실 것이다. 나는 이 제한된 시간 속에서 주님이 오실 날까지 복음을 증거하는 사명에 늘 충성하고, 믿지 않는 자들과 공존하며 갈등이 벌어지는 것을 결코 두려워하지 않으리라. 이것이 노아언약을 믿는 자들의 삶의 자신감이다.

먼저 이것을 알지니 말세에 조롱하는 자들이 와서 자기의 정욕을 따라 행하며 조롱하여 이르되 주께서 강림하신다는 약속이 어디 있느냐 조상들이 잔 후로부터 만물이 처음 창조될 때와 같이 그냥 있다 하니 이는 하늘이 옛적부터 있는 것과 땅이 물에서 나와 물로 성립된 것도 하나님의 말씀으로 된 것을 그들이 일부러 잊으려 함이로다 이로 말미암아 그때에 세상은 물이 넘침으로 멸망하였으되 이제 하늘과 땅은 그 동일한 말씀으로 불사르기 위하여 보호하신 바 되어 경건하지 아니한 사람들의 심판과 멸망의 날까지 보존하여 두신 것이니라(벧후 3:3-7).

오늘 내가 붙들어야 할 노아언약

- **정의**
  예수님이 다시 오시는 이 땅 최후의 날까지, 하나님께서 이 땅의 자연 생명과 인간 사회의 질서를 보존하시기로 약속하신 언약.

- **특징**
  노아언약을 위해 사람이 지켜야 할 조건은 없으며 무조건적인 하나님의 약속이기에 '비구속적 언약'이라고도 한다.

- **적용**
  ❶ **사명이 있다**: 피조 세계의 최후의 날은 기후변화 때문에 찾아오는 것이 아니라 천국 복음이 모든 민족에게 전파될 때 온다. 마지막 날을 두려워하고 염려하기 보다는 이 땅의 질서가 유지될 것을 믿고 복음을 전하는 데에 집중해야 한다.

  ❷ **공존을 무대로 본다**: 그리스도인들은 여자의 후손과 마귀의 후손이 공존하는 환경 속에서 하나님을 드러내는 데에 부름 받았다. 그리스도인들끼리 모여 지내는 것이 아니라, 지혜롭게 세상과 충돌하며 하나님을 드러내야 한다.

다시 오시는 날까지 이 피조 세계를 붙드시겠다는
약속을 주신 하나님 감사합니다.
하나님이 이 자연 만물을 붙드시는 잠깐의 시간 동안 나의
인생을 낭비하지 않고, 세상 속에서 복음을 증거하는 사명을
잘 감당하도록 인도하여 주소서.

하늘을 우러러 뭇별을 셀 수 있나 보라
또 그에게 이르시되 네 자손이 이와 같으리라
창 15:5

5

[아브라함언약]

모든 시작은 하나님께 있다

창세기 15:1-11

삶 전체를 채우는 언약의 다양함

교회를 오래 다니다 보면, '내가 하나님에 대해 더 알아야 할 것이 있나?' 하는 의구심이 들 때가 있다. '하나님은 사랑이시다.' 이 이야기는 수십 년째 들었다. '하나님이 우리와 함께하신다.' 24시간 알고 있고, 믿는 이야기이다. 그러나 이러한 확신은 매우 추상적이고 이론적이다. 그러다보니 구체적인 삶의 여정 속에서 하나님이 어떤 방식으로 일하시는 분인지에 대한 확신이 결여될 때가 많다.

성경 전체에 흐르는 언약을 하나씩 살펴보면, 하나님이 우리의 삶의 여정마다 어떤 구체적인 확신을 가져야 하는지를 가르쳐 주심을 알 수 있다. 앞 장에서 살펴본 노아언약은 하나의 무대를 구성한다고 생각하면 좋다. 하나님이 택한 자를 구원하시기 위한 전체적인 우리 인생의 배경을 보여 주신 것이다. 우리가 구체적으로 이 언약을 믿을 때, '하나님은 사랑이시다'라는 성경의 기본 진리를 넘어서 훨씬 풍성해질 수 있다. 하나님은 사랑이시기에, 하나님 자신의 뜻을 이 땅에 모두 펼치시기 전까지는 이 피조 세계, 이 지구를 결코 멸망시키시지 않을 것이다. 바로 여기까지 나아갈 수 있는 것이다. 성경의 언약은 우리의 삶에 하나님의 일하심을 훨씬 다양하고 풍성하게 보여준다.

아브라함언약

우리가 살아가는 피조 세계에 대한 약속인 노아언약 이후에 주어지는 약속이 아브라함언약이다. 이는 우리의 인생에 하나님의 인도하심이 어떤 방식으로 '시작'되는지를 보여 주는 약속이다. 아브라함언약이란, **하나님이 아브라함과 그의 후손에게 복을 주며, 땅을 주시겠다는 약속**이다.

> 보라 내 언약이 너와 함께 있으니 너는 여러 민족의 아버지가 될지라 이제 후로는 네 이름을 아브람이라 하지 아니하고 아브라함이라 하리니 이는 내가 너를 여러 민족의

아버지가 되게 함이니라 내가 너로 심히 번성하게 하리니 내가 네게서 민족들이 나게 하며 왕들이 네게로부터 나오리라 내가 내 언약을 나와 너 및 네 대대 후손 사이에 세워서 영원한 언약을 삼고 너와 네 후손의 하나님이 되리라 내가 너와 네 후손에게 네가 거류하는 이 땅 곧 가나안 온 땅을 주어 영원한 기업이 되게 하고 나는 그들의 하나님이 되리라(창 17:4-8).

아브라함은 이 약속을 얻기 위해 무엇을 행하였는가? 아무것도 미리 한 일이 없다. 이것이 아브라함언약의 특징이다. 하나님께서 피조 세계를 지탱하심과 동시에, 이제 우리의 인생을 시작하신다. 우리의 인생이 어떻게 시작되는가? 내가 아무것도 준비되지 않고, 시작할 마음도 없을 때 그분이 시작하신다.

믿음으로 그 약속을 받는다

하나님의 일방적인 약속에 아브라함이 행했던 일은 무엇인가? 그렇게 하실 것을 '믿는 일'이었다.

아브람이 여호와를 믿으니 여호와께서 이를 그의 의로 여기시고(창15:6).

이 부분에서 우리는 또 넘어지곤 한다. "역시, 아브라함은 달랐어. 아브라함이 잘한 일은 없었어도, 하나님을 확실하게 믿는 믿음은 최고였잖아! 하나님께 인정받을 만한 구석이 있으니까 이렇게 좋은 시작을 하게 된 거지"라고 자책한다. 우리는 굳건한 믿음을 지키지 못하고 있기 때문이다.

그러나 이 구절은 아브라함의 믿음이 하나님 보시기에 인정받을 만한 수준이었다는 뜻이 전혀 아니다. 아브라함의 마음과 행동이 전혀 하나님 보시기에 합당하지 않은데도 불구하고, 하나님은 그냥 아브라함이 그런 사람인 것처럼 법적인 지위를 부여하시면서, 자신의 구원 계획을 실행해 버리신다는 말이다! 이 구절에 대하여 더글라스 무는 이렇게 설명한다.

> 창세기 15장 6절과 똑같은 문법 구조가 쓰인 다른 구절들을 비교해 보면 이런 결론이 나온다. (…) 아브라함의 믿음을 의로 여기셨다는 말은 '본래 그의 것이 아닌 의를 그에게 전가하셨다'는 뜻이다.[31]

사실상 아브라함이 한 일은 전혀 없다. 하나님이 아브라함을 믿음 있는 자로 여기시고, 복을 주시겠다고 약속하시고, 하나님이 주도적으로 시작해 버리셨다. 그러므로 신자들은 아브라함의 약속을 붙들 때마다 소망을 가질 수 있다. 어떤 소망인가? 내가 시작할 수 없어도, 하나님이 시작하신다는 확신이다.

우리는 너무 연약해서 시작할 힘조차 없을 때가 많다. 곁에 누군가가 우리에게 힘을 내라고 한다. 우리가 힘을 내고 싶지 않아서 이러고 있는 게 아니라는 걸 모른단 말인가? 힘이 안 나는 걸 어떻게 하겠는가? 생각을 긍정적으로 가져 보라고 한다. 나도 당연히 그러고 싶지 않겠는가? 밝은 마음이 생겨야 밝은 생각을 하지 않겠는가? 우리는 우리에게 시작하라는 요구에 지친다. 내가 시작할 능력이 없기 때문이다.

아브라함언약은 우리의 삶을 다르게 말한다. 나보고 '시작해 보라, 그러면 열매를 거둘 것이다'라고 하지 않으신다.

하나님이 시작하신다.

이 말을 확신하라. 그냥, 하나님 앞에 앉아 있어 보라. 예배 드리며 가만히, 멍하니 있어도 좋다. 하나님께 나에겐 시작할 능력이 없으니 하나님이 시작해 달라고 해 보라. 그러면 신기하다. 기도 중에, 예배 중에, 하나님이 새롭게 시작하신다. 예전에는 생각해 보지 못했던 생각이 난다. 생각이 시작된 것이다. 찬송을 듣고 부르다가 갑자기 염려가 좀 덜어진다. 새로운 마음이 시작된 것이다.

하나님은 나에게 먼저 무엇을 하라고 말씀하시는 분이 아니다. 하나님이 무언가를 시작하시겠다는 약속이 먼저 온다. 내가 새로운 생각을 해 봐야겠다고, 내가 긍정적인 생각을 해 봐야겠다고 먼저 다짐해야 하는 것이 아니다. 새로운 생각, 긍정적인 생각을 먼저 주신다. 시작할 힘이 없다면, 하나님께 나오라. 하나님은 나 대신 시작해 주시는 분이다.

아브라함언약을 믿는 자의 확신 1.
실력은 성취의 조건이 아니다

우리는 보통 아브라함을 '믿음의 조상'이라고 표현한다. 아마 아브라함의 부모가 기도도 많이 하고, 교회에서 헌신도 많이 하는 사람이었을 거라 착각한다. 그러나 성경은 간접적으로 아브라함의 부모가 어떤 사람이었는지 드러내고 있다. 아브라함의 아버지의 이름은 데라였다.

데라의 족보는 이러하니라 데라는 아브람과 나홀과 하란을 낳고 하란은 롯을 낳았으며(창 11:27).

그런데 아브라함의 아버지 데라가 어떤 인생을 살아왔는지는 여호수아서 끝에 이렇게 기록되어 있다.

여호수아가 모든 백성에게 이르되 이스라엘의 하나님 여호와께서 이같이 말씀하시기를 옛적에 너희의 조상들 곧 아브라함의 아버지, 나홀의 아버지 데라가 강 저쪽에 거주하여 다른 신들을 섬겼으나(수 24:2).

믿음의 조상 아브라함의 아버지는 어떤 사람이었는가? 다른 신을 섬기는 사람이었다. 전혀 신앙과 관련 없는 사람이었다는 뜻이다. 아브라함의 인생을 하나님이 주도적으로 택하시고 하나님이 시작하셨다.

여호와께서 아브람에게 이르시되 너는 너의 고향과 친척과 아버지의 집을 떠나 내가 네게 보여 줄 땅으로 가라 내가 너로 큰 민족을 이루고 네게 복을 주어 네 이름을 창대하게 하리니 너는 복이 될지라(창 12:1-2).

그러므로 하나님이 지탱하시는 피조 세계 속에서, 내 인생을 개별적으로 인도하시는 하나님의 약속이 나온다. 이렇게 기억해 보자. **실력과 배경은 하나님의 약속의 성취의 조건이 아니다.**

성경은 지금 아브라함의 인생의 배경이 그렇게 좋지 않았다는 것을 일부러 강조하고 있는 것이다. 실력과 배경은 하나님이 내 인생을 시작하시는 조건이 되지 못한다. 하나님은 내 실력과 관계 없이 시작하신다.

혹시라도 지금 내 인생이 방황 중에 있으며, 취업도 못하고, 이룬 게 없고, 도저히 생각이 정리되지 않아 어디서부터 인생을 다시 시작해야 할지 모르겠다는 생각이 든다면, 오히려 다르게 생각해야 한다. 하나님은 내게 시작의 조건을 요구하신 적이 없다. 시작하게 하시는 분은 하나님이다. 아브라함언약을 통해 특별히 알게 하시는 하나님의 은혜란, 시작하시는 은혜이다.

폭설 중 설교한 감리교 권사

1850년 1월 6일, 설교자 찰스 스펄전은 교회에 가서 예배를 드리고자 했으나 폭설 때문에 다른 교회에 대신 방문하게 된다. 그러나 그 교회의 담임목사 또한 폭설로 인해 교회의 예배당에 도착하지 못한 상태였다. 누군가가 예배를 시작하기는 해야 하는 상황에서, 스펄전은 임시로 방문한 교회의 예배당에 앉아 있었다. 그때, 아무것도 준비되지 않았던 그 교회의 한 권사님이 일어나서 설교를 하기 시작했다.

스펄전의 기억에 따르면 그날 담임 목사가 부재중이어서 무지한 감리교 권사가 일어나서 이사야 45장 22절 "땅의 모든 끝이여 내게로 돌이켜 구원을 받으라 나는 하나님이라 다른 이가 없느니라"를 가지고 짧게 설교했다.
설교자는 몇 안 되는 회중 사이에 심란한 방문자가 앉아 있다는 사실을 알아챘다. 설교자는 스펄전에게 그리스도를 직접 바라보라고 간곡히 촉구했고 스펄전에게 본문 말씀에 순종하라고 요구했다. 그리스도는 피를 흘렸고, 십자가에서 죽었고, 죽음에서 부활했고, 하늘로 올라갔다. 오직 그리스도만이 구원해 줄 수 있다. 이것은 손가락 하나 까딱하거나 발을 들어올리거나, 대학에 진학하거나 부자가 되는 문제가 아니다. 무명의 설교자는 "보라, 보라, 보라, 그리스도를 보라 그리고 살라"고 말했다. 스펄전은 봤다. "즉각적으로 구원의 길을 바라봤다."[32]

이날은 스펄전의 회심 날이었다. 스펄전은 어떻게 회심했는가? 명설교자의 논리적인 설교를 듣고 회심하지 않았다.

폭설 중에 아무 준비도 되지 않았던 한 권사의 어설픈 설교를 통해서 회심하게 되었다. 하나님의 하시는 일은 실력과 무관하다. 실력은 성취의 조건이 될 수 없다.

실력의 저주 벗어나기

보통 이런 이야기들을 하면 세상적인 이야기가 아니기 때문에 공감을 얻지 못한다. "목사님, 하나님의 말씀을 전하는 일 속에서는 그럴 수 있겠지만, 세상에서는 실력이 없으면 인정받지 못한다고요!" 나도 이 말에 공감한다. 그런데 실력이 성취의 조건이 되지 않는다는 말은, 내가 공부도 하지 않고 노력도 하지 않았는데 아무 일이나 기적처럼 일어난다는 뜻이 아니다.

아브라함은 아무 실력이 없는 상태에서 시작했으나 하나님이 인생의 여정 속에서 가르치시고 도우셔서 실력이 생겼을 것이다. 성경을 보면, 아브라함이 이후에 이삭을 낳기도 하고, 자신의 조카 롯을 구할 때 군대를 정비하기도 하면서 삶의 다양한 방면에 실력을 갖춘 모습을 보여준다. 즉, **현재 내가 가진 재능이나 능력을 근거로 나의 미래를 확정적으로 예단하려는 잘못에 빠지지 말라**는 이야기다.

실제로 요즘은 자신의 외모나 능력, 삶의 수준을 남들과 쉽게 비교하면서 앞으로 내 자신이 발전할 수 있는 가능성을 원천적으로 차단하는 경우가 많아 안타깝다. 그렇지 않다. 실력이 없어도 성취를 향해 앞으로 나아갈 수 있다. 기계를 다루는 것에 전혀 실력이 없던 한 남자의 이야기가 도움이 될 것이다.

평소에 나는 늘 어떤 자연법칙에 따라 저주를 받아 기계를 잘 다루지 못하는 특질이 선천적으로 유전된 것이 아닌가 생각했다. 그런데 서른일곱 살이 끝나가던 어느 봄날, 산책을 하던 중 이웃 남자가 풀 깎는 기계를 수리하고 있는 것을 보았다. 나는 경외감을 갖고 그와 인사했다. "참으로 대단하십니다. 나는 그런 종류의 일은 하나도 할 줄 모르는데!" 그런데 그 이웃은 내 말이 끝나자마자 퉁명스럽게 쏘아붙이는 것이었다. "그건 시간을 들여 해 보려고 하지 않기 때문이죠, 뭐." 마치 도사처럼 명쾌한 그의 대답에 나는 아무 말도 하지 못하고 묵묵히 산보를 계속했다.[33]

아브라함언약을 믿는가? 하나님이 시작하게 하시는 분이라는 것을 믿는가? 공부를 시작했든지 육아를 시작했든지, 직장에 입사했든지 간에 어렵다고 쉽게 포기하지 말고 시간을 들여 해 보라.

하나님이 시작하신 일이라면, 현재 실력이 없다고 망하지 않을 것이다. 실력은 성취의 조건이 아니다.

아브라함언약을 믿는 자의 확신 2.
이루실 일을 내가 정하지 않는다

이 언약을 받아들이는 아브라함의 마음에 문제가 생긴다. 약속과 성취 사이의 기다림의 시간이 너무 멀게 느껴진 것이다. 아브라함언약은 우리에게도 일어날 수 있는 약속과 성취 사이의 함정을 보여준다.

언약이 성취되기 전까지 내가 성취될 것을 믿지 못하고 내 삶에 벌어지는 모든 일을 실패로 해석하게 되는 것이다. 아브라함의 아내는 하나님의 약속을 이미 실패한 것으로 규정하고 다른 대안을 제시한다.

아브람의 아내 사래는 출산하지 못하였고 그에게 한 여종이 있으니 애굽 사람이요 이름은 하갈이라 사래가 아브람에게 이르되 여호와께서 내 출산을 허락하지 아니하셨으니 원하건대 내 여종에게 들어가라 내가 혹 그로 말미암아 자녀를 얻을까 하노라 하매 아브람이 사래의 말을 들으니라(창 16:1-2).

하갈이 아브람의 아들을 낳으매 아브람이 하갈이 낳은 그 아들을 이름하여 이스마엘이라 하였더라 하갈이 아브람에게 이스마엘을 낳았을 때에 아브람이 팔십육 세였더라(창 16:15-16).

하나님은 실패처럼 보이는 이 여정이 결코 실패가 아니라는 것을 지속적으로 말씀하신다. 하나님이 너무 진지하게 말씀하시니, 아브라함은 속으로 웃으며 약속을 무시하면서 슬쩍 다른 부탁을 아뢴다.

아브라함이 엎드려 웃으며 마음속으로 이르되 백 세 된 사람이 어찌 자식을 낳을까 사라는 구십 세니 어찌 출산하리요 하고 아브라함이 이에 하나님께 아뢰되 이스마엘이나 하나님 앞에 살기를 원하나이다(창 17:17-18).

아브라함과 사라는 실패로 규정했지만, 하나님은 이 약속을 여전히 실패가 아니라고 보고 계셨다. 아브라함언약은 시작의 약속이다. 그리고 시작된 약속이 성취되기까지는 실패처럼 보이는 기간을 통과한다.

이 때 사람들은 자신이 원하는 모습, 원하는 시간에 기대했던 일들이 펼쳐지지 않으면 그 모든 상황을 실패라고 규정짓는다. 하지만 그렇지 않다. 내가 실패해도, 내가 기대를 저버려도 하나님께서 내 인생에 이루실 일들은 결코 실패하거나 좌절되지 않는다. 실천적으로, 성도들은 하나님이 이루실 일이 궁극적으로 어떤 모양이 될 지 알지 못하기에, 순간순간 벌어지는 상황을 자신이 함부로 재단하면서 실패로 보면 안 된다. 진학에 '실패'했다. 매출 달성에 '실패'했다. 승진에 '실패'했다. 인간적으로는 실패들이 연속된다. 그러나 하나님은 여전히 자신의 계획이 실패하지 않으셨다고 말씀하신다.

내가 기대했던 것들이 이루어지지 않으니, 그 기대를 기준으로 보면 실패가 맞다. 그러나 하나님이 도대체 내 삶에 어떤 선한 일을 이루어가실지는 내가 규정할 수 없다.

하나님의 성취가 다양하고 복합적이라는 것을 인정한다면, **하나님이 이루실 일을 내가 정해서는 안 된다.** 이것이 아브라함언약을 믿는 자들이 약속이 성취되는 여정을 지나는 동안 가져야 할 삶의 자세이다.

내게 주신 말씀이라는 오해
성경은 오늘 우리에게 주시는 살아계신 하나님의 말씀이

다. 그리고 성경의 모든 약속은 오늘 내게도 유효한 말씀이자, 아멘으로 받아야 하는 말씀이다. 그런데 성경의 여러 내용을 통해서 하나님이 궁극적으로 우리에게 선을 행하시고 구원을 주신다는 약속을 신뢰하는 것과, 구체적으로 성경의 문자적인 내용 자체가 그대로 내게 이루어질 것으로 적용하는 것은 전혀 다른 이야기임을 알아야 한다.

군 생활을 하던 중 나는 이라크 자이툰 파병군을 모집한다는 공고를 읽게 되었다. 파병되는 곳이 그렇게 위험한 지역이 아니며, 그 당시 군인 월급에 비하면 거의 10배~20배의 액수를 받을 수 있고, 독특한 경험과 보람도 생길 것이기 때문에 좋은 기회라고 생각했다. 다만, 군 생활 도중에 내가 이 파병에 지원하는 것이 맞는지 그렇지 않은지에 대한 확신이 서지 않았다.

분명 교회에서는 내가 길을 잃었을 때 주님의 말씀이 내 삶의 길이 되시고 나를 인도하신다고 했다. 그러면 성경을 찾아봐야 할 것 아닌가? 그러나 이럴 땐 어디를 찾아 읽어야 하는지 도무지 감이 잡히지 않았다. 어딘가에 주님이 내게 하시는 말씀이 있을 것이라 생각하고 무작정 성경을 폈다. 그래도 감은 있었던 것 같다. 무언가 해외로 떠나는 구절이 나왔다.

도움을 구하러 애굽으로 내려가는 자들은 화 있을진저 그들은 말을 의지하며 병거의 많음과 마병의 심히 강함을 의지하고 이스라엘의 거룩하신 이를 앙모하지 아니하며 여호와를 구하지 아니하나니(사 31:1).

애굽으로 내려가면 화가 있다고 적혀 있었다. 문제는 거기서부터 시작이었다. 해외로 가는 것과 관련된 말씀인 것은 맞다. 그런데 애굽이 이라크는 아니지 않은가? 일단 가지 말라는 말씀으로 받아들여야 하는가? 애굽에 가지 말라고 했지, 이라크에 가지 말라고 하신 건 아니지 않은가? 온갖 생각이 꼬리에 꼬리를 물었다.

내용의 맹신

이러한 태도가 바로 하나님의 약속의 말씀을 잘못 적용할 때 생기는 오류다. 말씀 속에서 약속을 믿는다는 말은, 하나님이 행하시는 일들의 '속성' 혹은 '원리'를 믿는다는 것이지, 성경의 특정 구절 안에서만 벌어지는 하나님의 행하심의 구체적인 '내용'이 현재 내 삶에 똑같이 일어날 것을 믿는다는 말이 아니다.

아브라함의 언약에 한번 대입해 보자. 하나님께서 우상숭배하던 아버지에게서 난 한 아들, 아브라함을 통해 민족을 이루겠다고 하셨다. 하나님께서 일하시는 원리, 혹은 하나님의 속성은 무엇인가? '하나님은 자격 없는 자에게도 은혜 베푸시는 분이시다', '하나님은 내 삶에 내놓을 만한 것이 없어도 새 일을 시작하시는 분이시다' 등을 생각해 볼 수 있다. 나아가 아브라함에게 땅과 자손을 주시겠다는 약속은 예수님 안에서 우리가 새 하늘과 새 땅을 얻게 되고, 예수 그리스도를 믿음으로 고백하는 신자들의 무리가 생겨날 것임을 확신하는 말씀으로 볼 수 있다. 이것이 바로 말씀에 대한 확신이다.

하지만 이 본문을 곡해하여 "아브라함도 늦은 나이에 아들을 가졌으니, 나도 지금은 임신이 안 되고 있지만 99세까지 기다리면 내 삶에도 하나님이 아이를 허락해 주실 거야"라고 믿으면 어떻게 되겠는가? 성경에 대한 오해 때문에 인간적인, 잘못된 기대만 커지고 오히려 하나님이 자신의 뜻대로 일해 주시지 않은 것에 대한 실망감만 커질 수 있다. 임신이 되지 않는다면 하나님이 은혜를 베풀지 않으신 것인가? 결코 그렇지 않다.

하나님의 일하시는 방식과 그 성품을 믿으면 담대하다. 아이가 생기지 않는 이 상황 속에서도 하나님은 우리의 유익을 위해 선한 일을 시작하실 것이다.

이것이 바로 함부로 '이루실 일을 내가 정하지 않는다'는 적용의 뜻이다.

자이툰, 잘가

나는 결국 자이툰에 지원하지 않았다. 급하게 결정해야 하는 문제를 두고 말씀 안에 있는 내용을 문자적으로 적용하면 안 된다고 생각했고, 그것이 하나님이 원하시는 일이 아님을 느꼈기 때문이다.

오히려 평소에 묵상하던 하나님의 말씀 안에서 그 주제를 두고 기도하며 내 생각과 마음, 그리고 주변의 상황을 통해 어떤 방향으로 나를 이끄시는지 시간을 두고 생각해 보았다.

나는 이곳에서 이미 부대 내의 사람들을 많이 전도하고, 보직의 일부를 충실히 맡으며 하나님이 인도하시는 일들을 하고 있다는 것을 알게 되었다. 그리고 이것을 해외 파병 경험이라는 새로운 제안 때문에 함부로 내려놓지 말고 감사히 맡아야 한다는 생각이 강하게 들었다.

하나님이 말씀 안에 가르쳐주시는 원리에 기반하여, 기도와 함께 내 삶을 정돈하니 자이툰 파병에 대한 미련이 말끔히 사라지고 내 삶에 집중하게 되는 결과를 얻었다.

사람의 판단이 매번 맞을 수 없지만, 이와 같이 약속을 믿는다는 것은, 하나님이 행하시는 일의 방식과 그 분의 성품을 신뢰한다는 것이다.

하나님이 정하신 기간

하나님이 시작하신 일에는 분명한 완성의 시기가 있다. 다만 그 약속은 성취의 시기가 오기 전에 실패처럼 보이는 기간을 통과하게 된다. 아브라함은 별과 같이 많은 후손을 약속 받았다. 하지만 현실은 당장 아들 하나 보지 못하는 처지였다. 아들이 생기지 않으니 약속의 시작부터 아브라함은 삐걱거리기 시작한다.

> 이 후에 여호와의 말씀이 환상 중에 아브람에게 임하여 이르시되 아브람아 두려워하지 말라 나는 네 방패요 너의 지극히 큰 상급이니라 아브람이 이르되 주 여호와여 무엇을 내게 주시려 하나이까 나는 자식이 없사오니 나의 상속자는 이 다메섹 사람 엘리에셀이니이다 아브람이 또 이르되 주께서 내게 씨를 주지 아니하셨으니 내 집에서 길린 자가 내 상속자가 될 것이니이다(창 15:1-3).

하나님은 그 약속이 실패처럼 보이는 기간, '하나님이 정하신 기간'이 분명히 있을 것임을 먼저 말씀해 주신다.

여호와께서 아브람에게 이르시되 너는 반드시 알라 네 자손이 이방에서 객이 되어 그들을 섬기겠고 그들은 사백 년 동안 네 자손을 괴롭히리니 그들이 섬기는 나라를 내가 징벌할지며 그 후에 네 자손이 큰 재물을 이끌고 나오리라(창 15:13-14).

기회가 오지 않는 사람은 없다

개그맨 김영민 씨가 끝없는 실패를 거쳐 가며 자신의 삶을 개척한 뒤, 자신의 짧은 삶을 돌아보며 소회를 남겼다. 표현이 조금 저급하다고 볼 수도 있지만, 아브라함이 겪었고 이 청년이 겪었고 우리가 앞으로 겪게 될 인생의 실패의 여정을 규정짓는 말이라고 생각되어 소개한다.

기회가 오지않는 사람은 없다. 단,
기회와 기회 사이에 스스로 맛탱이가 갈 뿐…….

이 사람은 하나님을 믿는 사람이 아니기에 삶의 여정들을 '기회'라고 표현했다. 삶에는 여러 기회가 온다. 실패하기도 한다. 그러면 아쉽기는 하지만 다음 기회를 기다리면 된다. 그러나 다음 기회가 오기 전에 스스로 맛탱이가 간다. 이제 아브라함의 여정이 다시 보인다. 하나님이 아들을 준다고 약속하셨다. 그러나 아내의 말에 잘못 설득되어 이스마엘을 낳고, 하나님의 약속을 비웃는다. 이 모습이 어떻게 보이는가? 약속을 저버리고 '맛탱이가 간' 모습으로 보이지 않는가?

오늘 내 삶을 돌아보라. 내가 기대했던 일이 벌어지지 않고, 내가 원하는 시간에 원하는 모습으로 변화가 나타나지 않아서 스스로 인생을 다 던져버리고 함부로 살아가고 있지는 않은가? 평안과 기대감은 전혀 없이, 하나님에 대한 냉소적인 태도만 가지고 인생을 낭비하고 있지는 않은가? 그렇다면 하나님이 여전히 이루고 계신 종합적인 성취 앞에서 잠잠히 기다리는 자세가 필요하다.

하수구 뚫는 법대생

『하수구 뚫는 법대생』이라는 책을 쓴 공병철이라는 분이 있다. 10년간 사법시험을 준비하다가 결국 실패하고, 노무사라도 해 보려 했는데 그것도 실패했다. 도대체 어떻게 살아야 할까 고민에 빠졌다. 모든 것이 실패였다. 돈이 없으니 지인이 하수구를 뚫는데 도와달라는 말에 한 번 따라가서 돈을 벌어 왔다. 그리고 나서 우연히 교회 수련회를 참석했는데, 이상한 마음이 들었다고 한다.

그분이 쓴 책에 나오는 이야기다.

수련회 일정에 따라 기도회가 시작되었다. 아이들을 위한 기도도 아니고, 그냥 내 신세 한탄하는 기도를 드렸다. 앞으로 뭘 어떻게 하고 살아야 하는지 막막하기만 했다. 공부는 하기 싫은데 할 게 공부밖에 없어 보이는 현실이 나의 목을 조여 왔다.
그런데 갑자기 가슴속에 뜨거운 불 같은 게 올라왔다. 정확히 말로는 표현할 수 없지만 아주 뜨거웠던 기억이 난다. 그러면서 무조건 하수구 설비 사업을 해야겠다는 마음이 올라왔다. 이유도 없었다. 그냥 무조건 그런 생각이 들었다. 이미 마음을 접고 생각도 하지 않고 있었는데 그런 마음이 들자 거부할 수가 없었다.[34]

사법시험의 실패는 결국 인생의 실패라고 규정하고 있었는데, 하나님은 그 모든 실패 속에서 새 일을 준비하고 계셨다. 어쩔 수 없이 이 일을 해야 한다고 생각했는데, 질서의 하나님께서 피조 세계의 질서를 잡는 일에 자신을 예배자로 부르신다는 확신과 자신감을 부어 주셨다. 정말 막힌 하수구를 볼 때마다 기도하면서 주님의 은혜를 구하는데, 실제로 기적과 같이 하수구가 뚫리는 일들이 벌어지기 시작했다.

'포기하고 가려는 순간에 주님이 직접 뚫으셨나 보다. 오늘 나의 일을 예배로 받으셨나 보다. 할렐루야!' 오늘 일은 하나님이 기쁘게 받으신 예배였다. 건물의 막힌 곳을 뚫어 주고 질서를 회복하시는 일에 동참했다. '진짜' 예배였다.

우연이라고 말할 수도 있겠지만 이런 일이 두 번이나 일어났다. 아마도 하나님은 나에게 확실하게 다시 한번 이야기하고 싶으셨던 것 같다.

"나는 예배 받기 원하는 하나님이다."

맞다. 하나님은 나에게 예배를 받고 싶어 하신다. 예배당에서 드리는 공예배뿐만 아니라 일상과 일터에서도 예배자로 부르시고, 예배하라고 하신다.

(…) 질서의 하나님은 건축물의 제 기능을 회복하시고, 나를 예배자로 높여 주시며, 추가 공사를 허락하셔서 더 많

은 축복을 부어 주셨다. 나의 일이지만 하나님의 일이었고, 하나님의 일을 내가 한 것이었다.[35]

이루실 일을 내가 정해놓고 실패라고 단정짓지 말라. 내게 주실 미래는 무조건 뚫린다. 무조건 열리게 되어 있다. 그리스도인에게는 하나님이 정하신 기간이 있음을 알고 잠잠히 통과하는 것이 아브라함언약 성취의 지름길이다.

아브라함언약의 보장

아브라함은 하나님이 자신을 향해 하신 약속을 지키실 것을 무엇으로 확신할 수 있었을까? 지금은 상호 간에 계약서를 쓰지만, 고대 근동에서는 계약을 맺을 때 피의 맹세를 하곤 했다.

동물을 잡아서 둘로 쪼갠 후, 그 사이를 지나간다. 약속을 하는 둘 사이에 강한 쪽을 종주라고 하고, 약한 쪽을 봉신이라고 명한다. 그리고 약한 쪽이 약속을 지키지 않을 가능성이 크기 때문에 약한 쪽이 언약을 지키겠다는 다짐으로 동물 사이를 걸어간다. 무슨 뜻인가? 이 약속을 지키지 않으면 이 쪼개진 동물들처럼 나도 쪼개지겠다고 맹세하는 것이다.

하나님과 아브라함이 약속을 맺는다. 똑같이 동물이 쪼개지는 언약 체결의 현장이 창세기에 기록되어 있다.

그가 이르되 주 여호와여 내가 이 땅을 소유로 받을 것을 무엇으로 알리이까 여호와께서 그에게 이르시되 나를 위하여 삼 년 된 암소와 삼 년 된 암염소와 삼 년 된 숫양과 산비둘기와 집비둘기 새끼를 가져올지니라 아브람이 그 모든 것을 가져다가 그 중간을 쪼개고 그 쪼갠 것을 마주 대하여 놓고 그 새는 쪼개지 아니하였으며(창 15:8-10).

동물을 쪼갠 뒤에는 분명히 약한 쪽이 지나간다고 했다. 그런데 누가 지나가는지 살펴보자.

해가 져서 어두울 때에 연기 나는 화로가 보이며 타는 횃불이 쪼갠 고기 사이로 지나더라(창 15:17).

아브라함은 쪼개진 동물 사이를 지나가지 않았다. 타는 횃불, 즉 하나님만 그 사이를 지나가셨다. 하나님은 원하시는 대로 하실 수 있음에도, 자신의 모든 행동을 언약의 조건에 맞추어 그 책임을 약속하셨다.

이 약속이 실패할 위험이 생기면, 자신의 몸이 쪼개져서라도 이 약속의 성취를 완수하겠다는 하나님의 보증이었던 것이다.

민족에서 믿음으로

아브라함에게 약속하신 내용을 다시 한번 기억해 보자. 그에게 후손과 땅을 주신다고 했다. 하지만 나는 아브라함과 같은 민족이 아닌데 그것이 나와 무슨 상관이 있을까?

성경은 민족이 다른 우리를 아브라함의 자손이라고 표현한다.

> 그러므로 믿음으로 말미암은 자는 믿음이 있는 아브라함과 함께 복을 받느니라(갈 3:9).

> 너희가 그리스도의 것이면 곧 아브라함의 자손이요 약속대로 유업을 이을 자니라(갈 3:29).

이 언약은 아브라함의 민족적인 후손에만 적용되는 일이 아니었다. 예수님을 통해서 아브라함의 자손이 '민족의 자손'에서 '믿음의 자손'으로 확장된다. 이제 혈통에 따라서 구원을 얻는 것이 아니라, 우리 대신 십자가에서 쪼개지시며 우리의 구원을 위해서 자신의 몸을 버리신 예수님을 믿는 자마다 아브라함의 자손, 즉 하나님의 택하신 언약 백성이 되는 것이다.

땅에 대한 약속도 마찬가지다. 아브라함이 가나안 땅을 약속 받은 후 이스라엘 백성은 결국 그 땅을 차지하게 된다.

> 여호와께서 이스라엘의 조상들에게 맹세하사 주리라 하신 온 땅을 이와 같이 이스라엘에게 다 주셨으므로 그들이 그것을 차지하여 거기에 거주하였으니(수 21:43).

이와 같이 아브라함언약의 궁극적인 성취가 우리에게도 땅의 상속을 통해 이루어질 것이다.

> 그들이 이제는 더 나은 본향을 사모하니 곧 하늘에 있는 것이라 이러므로 하나님이 그들의 하나님이라 일컬음 받으심을 부끄러워하지 아니하시고 그들을 위하여 한 성을 예비하셨느니라(히 11:16).

아브라함언약은 하나님이 말씀하신대로 성취되었다. 그

러나 아직 그 성취는 완성되지 않았다. 여전히 유효하고, 우리에게 적용되는 약속이다.

내 인생도 아브라함처럼 실력이 없고, 집안이 좋지 않아도 하나님께서 찾아와 은혜를 주실 것이다. 인생의 여정 중에 하나님이 성취하실 일을 함부로 내가 정하지 않고 하나님이 행하실 일들을 기대해야 한다. 마지막 날, 나는 아브라함과 같이 이제 예수님을 믿음으로 하나님의 자녀가 되며, 그분이 허락하시는 새 하늘과 새 땅에 들어가게 될 것이다. 이것이 아브라함언약을 믿는 자의 소망이다.

오늘 내가 붙들어야 할 아브라함언약

- **정의**
  하나님이 아브라함과 그의 후손에서 복을 주고, 땅을 주시겠다는 약속.

- **특징**
  아브라함의 후손이라는 민족적인 약속은 예수님을 믿는 믿음의 후손이라는 영적인 약속으로 확장되어 모든 믿는 자들은 장차 새 하늘과 새 땅에 들어가 하나님 나라의 자녀가 된다.

- **적용**
  ❶ **실력은 성취의 조건이 아니다**: 아브라함의 아버지는 이방 신을 섬기는 사람이었으며, 아브라함은 하나님의 약속을 받을 자격을 먼저 갖춘 것이 아니었다. 내 삶 또한 실력을 갖추지 못했다고 해서 하나님의 이루실 일이 막히지 않을 것이다.

  ❷ **이루실 일을 내가 정하지 않는다**: 하나님이 어떤 방법으로 무슨 뜻을 이루고자 하시는지 우리는 모두 알지 못한다. 하나님이 이루실 일을 자의적으로 정해 놓고 실패라고 규정짓지 않아야 한다.

자격 없는 내게 땅과 후손을 약속해 주시니 감사합니다.
예수님 안에서 나도 새 하늘과 새 땅의 소유자가 된 줄 믿습니다.
조건 없이 건져 주셨으니, 내 실력이 결코
성취의 조건이 될 수 없음을 알고 당당하게 하소서.
내가 기대했던 일들이 성취되지 않아도
결코 좌절하지 않게 하소서.

그의 모든 명령을 지켜 행하면
네 하나님 여호와께서 너를 세계 모든 민족 위에
뛰어나게 하실 것이라
...
그의 모든 명령과 규례를 지켜 행하지 아니하면
이 모든 저주가 네게 임하며
신 28:1, 15

6

[모세언약]

필연적인 실패를 포함한다

신명기 28:1-19

처음으로 등장하는 율법

모세언약에서 처음으로 주어지는 것이 율법이다. 그리고 또 하나 처음으로 등장하는 것이 바로 '조건'이다.

창세기 3장 15절 이후를 은혜언약으로 본다고 했는데 노아언약과 아브라함언약 모두 하나님이 약속하실 때 아무런 조건이 없었다. '내가 피조 세계를 멸망하지 않게 하겠다', '내가 너에게 복을 주겠다'라는 언약에는 하나님의 주도적인 약속과 의지만 나타나 있었다. 그러다가 처음 모세언약을 읽어 보면 하나님이 조금 화가 나셨다는 느낌이 든다. 해도 해도 안 되니까, 이제 어쩔 수 없이 하나님이 조건을 내거시는 느낌이다.

모세언약이란 **이스라엘과 맺으신 하나님의 율법 언약**이다. 율법 언약이란 무엇인가? 율법을 지키면 복을 얻고, 율법을 지키지 못하면 저주를 받는다고 말씀하신 언약이라는 뜻이다. 그래서 지킬 때의 복과 지키지 않았을 때의 저주가 모두 담겨 있다. 먼저 지키는 자의 복을 보자.

> 네가 네 하나님 여호와의 말씀을 삼가 듣고 내가 오늘 네게 명령하는 **그의 모든 명령을 지켜 행하면** 네 하나님 여호와께서 너를 세계 모든 민족 위에 뛰어나게 하실 것이라 네가 네 하나님 여호와의 말씀을 청종하면 이 모든 복이 네게 임하며 네게 이르리니 성읍에서도 복을 받고 들에서도 복을 받을 것이며 네 몸의 자녀와 네 토지의 소산과 네 짐승의 새끼와 소와 양의 새끼가 복을 받을 것이며 네 광주리와 떡 반죽 그릇이 복을 받을 것이며 네가 들어와도 복을 받고 나가도 복을 받을 것이니라(신 28:1-6).

이 구절을 읽고 함부로 아멘을 내뱉기에는, 다음 구절들에도 똑같이 하기가 두렵다.

> 네가 만일 네 하나님 여호와의 말씀을 순종하지 아니하여 내가 오늘 네게 명령하는 **그의 모든 명령과 규례를 지켜 행하지 아니하면** 이 모든 저주가 네게 임하며 네게 이

를 것이니 네가 성읍에서도 저주를 받으며 들에서도 저주를 받을 것이요 또 네 광주리와 떡 반죽 그릇이 저주를 받을 것이요 네 몸의 소생과 네 토지의 소산과 네 소와 양의 새끼가 저주를 받을 것이며 네가 들어와도 저주를 받고 나가도 저주를 받으리라 네가 악을 행하여 그를 잊으므로 네 손으로 하는 모든 일에 여호와께서 저주와 혼란과 책망을 내리사 망하며 속히 파멸하게 하실 것이며 여호와께서 네 몸에 염병이 들게 하사 네가 들어가 차지할 땅에서 마침내 너를 멸하실 것이며 여호와께서 폐병과 열병과 염증과 학질과 한재와 풍재와 썩는 재앙으로 너를 치시리니 이 재앙들이 너를 따라서 너를 진멸하게 할 것이라(신 28:15-22).

모세언약에는 분명한 조건이 기록되어 있다. 쭉 읽어나가면, 하나님의 복을 받는 것이 전적으로 무엇에 달려 있는 것처럼 느껴지는가? 인간이 어떻게 행동하느냐에 달려 있는 것처럼 보인다.

그렇다면 대답해 보자. 모세언약은 조건적인가, 무조건적인가? 일차적으로 조건적이다. 그래서 모세언약은 언약의 무조건성보다는 조건성이 극대화되어 나타나는 언약으로 이해해야 한다.[36]

여기서부터 시작되는 착각

대부분의 성도는 여기서부터 넘어지고, 신앙 생활의 건강한 관점을 가지지 못하게 된다. 하나님은 분명히 은혜로 구원하신다. 그러나 성경에는 순종하면 복을 받고, 불순종하면 저주를 받는다고 명백히 기록되어 있다. 이는 모순이 아닌가? 은혜란 불순종했음에도 주어지는 복이니까 말이다.

오해는 이렇게 전개된다. 원래 하나님은 은혜로 우리에게 복을 주시고자 했다. 노아언약, 아브라함언약, 그렇게 하나님의 은혜가 흘러갔다. 하지만 이스라엘 백성들의 고집과 죄악이 너무 세서, 도저히 은혜로 다루기에는 부족한 지경에 이르렀다. 하나님의 의도가 실패한 것이다. 따라서 하나님이 도저히 안되겠다는 생각에 아브라함에게 약속된 복을 주시기 위한 조건을 추가하신다. "너희들, 원래 너희 아버지 아브라함에게 약속했던 것이 있었는데, 너희들에게는 그냥 주지 못하겠어. 앞으로 그 언약의 복을 받고 싶으면 이제는 모세 율법을 지켜야 한다"라고 명령하시게 되었다는 생각이다.

바로 이 오해를 바로잡는 신약성경의 책이 있다. 바로 갈라디아서다. 갈라디아서가 어떤 책이냐고 묻는다면 모세언약과 모세의 율법에 대한 오해를 바로잡는 책이라고 대답해야 한다. 갈라디아서의 논증을 통해서 바울이 반박하고자 하는 바가, "율법이 생겨났으니 약속은 이제 조건형으로 바뀐 거야"라는 생각이다. 바울은 답한다. **"아니, 어떻게 율법이 생겨났다고 해서 약속이 없어지겠니! 절대 그런 뜻으로 너희에게 율법을 주신 게 아니야!"**

언약은 끝까지 언약이다

하나님이 후손을 주시고, 땅을 주시겠다고 약속하셨다. 그분의 언약적 선언에 순종의 요구를 나중에 추가하신다는 것은 있을 수 없는 일이다. 율법과 약속은 공존할 수 없다. 약속은 약속이다. 약속 때문에 복을 얻을 뿐이다. 율법이 생겼으니, 이제는 조건만 남을 뿐 약속은 없어진 것이라는 오해를 바울은 이렇게 바로잡는다.

> 내가 이것을 말하노니 하나님께서 미리 정하신 언약을 사백삼십 년 후에 생긴 율법이 폐기하지 못하고 그 약속을 헛되게 하지 못하리라 만일 그 유업이 율법에서 난 것이면 약속에서 난 것이 아니리라 그러나 하나님이 약속으로 말미암아 아브라함에게 주신 것이라(갈 3:17-18).

바울은 이렇게 말하고 있다. 미리 언약을 주셨다. 그런데 사백삼십 년 후에 율법이 왔다. 후에 율법이 왔으니, 이전 약속은 무효가 되는 것이냐고 묻는 것이다. 결코 그렇지 않다! 여전히 아브라함의 약속은 유효하며, 후에 율법을 우리에게 주신 의도가, 약속을 폐기하려는 의도로 주신 것이 절대 아니라는 것을 강조하고 있는 것이다.

그러면 왜 조건이 보이는가

그렇다면 질문이 생긴다. 약속은 여전히 약속이라는 것을 인정한다면, 하나님께서 명백히 조건이 적혀 있는 율법을 우리에게 주신 이유는 무엇일까?

율법은 약속을 폐기하고 약속을 대체하기 위해서 주어진 것이 아니다. 하나님의 약속, 하나님의 구원이 점진적으로 성취되고 발전되어 간다는 언약신학의 이해에 따라, 하나님이 자신의 구원의 약속을 성취하시는 과정 중에 필요해서 허락하신 여정의 일부로 보아야 한다.

율법을 도대체 왜 주신 것인가? 우리가 은혜가 필요한 존재임을, 하나님의 약속은 우리의 모든 실패를 뛰어넘어 신실하게 실행됨을 더 명확하게 깨닫게 하시기 위해서다.

은혜란 자력 구원이 불가능함을 깨닫는 자만이 얻게 되는 구원의 길이다. 스스로 할 수 있다고 생각하는 자에게는 구원이 불가능하다. 하나님께서는 내가 은혜로 주어지는 약속만을 붙들게 하시기 위해서, 실제로 내가 나를 붙들고 있는 모든 것들을 내려놓는 과정을 거치게 하신다. 그것이 조건적으로 보이는 율법에 대한 순종을 요구하시는 과정이다. 그 율법을 지키려고 애쓰다가 내 안에는 해답이 없고, 나는 아무것도 할 수 없으며, 나는 율법을 지킬 수 없는 존재라는 것을 어느 순간에 하나님께서 우리의 삶의 영역에서 경험하고 깨닫게 하신다.

정확히 알아가는 과정

나는 피곤하거나 지칠 때 편두통 쪽으로 몸에 이상이 생긴다. 주일 사역이 모두 끝나면 거의 무조건 두통약을 먹는 것이 습관이었다. 그런데 매주 약을 먹다가, 참 이상하다는 생각을 했다. 무언가 지치기만 하면 머리가 습관적으로 맨날 아픈 것이 정상은 아니라는 생각이 들었다. 어느 날 함께 시작된 것이 코막힘이었다. 코가 막힌 이후로 두통이 더 잦아지고 심해진다는 느낌에 병원을 찾았다. 나는 두통 따로, 코막힘 따로라고 생각했다. 진단은 달랐다. 비염으로부터 시작된 코막힘이 위로 올라가며 두통을 유발하고, 축농

중까지 온 상태라는 것이었다. 해결의 방법은 코세척이었다. 열심히 코 속에 식염수를 넣고 세척을 며칠 동안 했다. 코가 좋아질 줄 알았는데, 그 이상이었다. 두통이 사라졌다.

율법의 역할이 이와 같다. 머리가 아프니까 그냥 두통약을 먹으면 된다고 생각한다. 두통약이면 충분히 다 해결할 수 있다고 생각한다. 율법은 두통약이다. "이것만 먹으면 다 돼!" 가끔은 실제로 효과가 있는 것 같기도 하다. 착각하는 것이다. 원래 사람은 은혜로 주어진 약속을 붙들어야만 산다는 그 단순한 진리 가운데 즐거워해야 한다. 그러나 그 은혜가 주어졌을 때, 죄인인 모든 사람은 절대 그렇게 살지 않는다. 은혜로는 충분하지 않다고 여기기도 하고, 나는 스스로 할 수 있다고 교만해지기도 하며, 나는 은혜 받을 자격이 되지 않는다고 생각하면서 자책하기도 한다. 결국은 은혜에 대한 정확한 이해가 삶에 없는 것이다.

하나님은 역설적으로 은혜라는 정확한 해결책을 제시하시기 위해 다른 길로 우리를 인도하신다. 그것이 율법이다. 마치 조건을 지켜야만 복을 얻을 수 있는 것 같은 협박, 위협, 실패를 경험하게 하신다. 계속 두통약을 먹게 하신다. 머리는 계속 깨질 듯이 아프다. 그러다가 깨닫는다. 약속이 깨진 것인가? 절대 그렇지 않다! 율법이라는 과정을 성실히 통과해 보려 노력할수록, 오히려 은혜라는 진단이 얼마나 우리에게 명확한 해결책이 되는지를 내 스스로 인정하고 깨달을 수 있다는 말이다. 내가 내 두통은 별 게 아니라고 진료를 받는 것을 고집스럽게 거부한 것이 5년이었다. 다 포기했을 때 코세척의 은혜가 임했다. 은혜를 버리고 조건에 집착하는 이 고집스러움은 얼마나 더할까!

이번에 망하면 밥 없을 줄 알아

앞서 이야기했던 어느 엄마의 이야기를 생각해 보면 좋을 것 같다. 입시를 앞둔 고등학생 엄마가 있었다. 너무 좋은 엄마였다. 늘 맛있는 밥을 차려 주고, 늘 자녀를 사랑하고 격려하며, 눈물의 기도로 뒤에서 격려하는 엄마였다. 어느 날 아들이 40점이 적힌 수학 성적표를 가지고 왔다. 그 전 점수는 어땠는가? 여전히 40점이었다. 분명히 괜찮다고 말했던 엄마였다. 그런데 이번에는 엄마가 기분이 나빴는지 갑자기 표정이 바뀌며 자녀를 위협하기 시작했다.

"너, 한 번만 더 이런 점수 가져오면 이제 아침밥과 야식은 없을 줄 알아!"

자녀는 큰 충격에 빠졌다. 엄마는 조건 없이 나에게 밥을 주는 사람이었다. 언약의 무조건성을 즐거워하는 자녀였다. 그런데 갑자기 엄마가 조건을 걸기 시작한다. 치사하게 어떻게 자녀를 향한 밥에 수학 점수를 걸 수 있는가?

이 엄마는 여전히 아들을 사랑하는 걸까? 이 엄마는 이제부터 자녀를 조건적으로 사랑하는 것일까? 그렇지 않다. 여전히 무조건적으로 사랑한다. 그렇다면 한 가지 더 대답해 보라. 이 엄마는 왜 이 자녀를 조건적으로 대하는가? 자녀의 구원, 자녀의 성장, 자녀의 유익을 위해서이다. 이것이 바로 모세언약을 이해하는 열쇠가 된다.

필연적인 실패를 포함한다

은혜언약의 전체 흐름에는 언약의 무조건성이 강조된다. 하나님이 주도적으로, 의지적으로 우리를 살리시겠다는 약속으로 가득 차 있다. 그런데 은혜언약 안에, 특별히 모세언약 속에는 언약의 조건성이 강조된다. 언약의 무조건성이 이제 언약의 조건성으로 대체된 것인가? 절대 대체되는 구조가 아니라고 했다. 언약의 무조건성은 여전히 흐르고 있다. 그러나 그 무조건적인 은혜를 붙들고 누리게 하시기 위해, 조건적으로 보이는 언약을 통과하게 하시는 것이다.

따라서 모세언약을 이해하는 그리스도인들은 내 삶의 여정을 예측할 때 분명히 이 문장을 기억해야 한다. **내 삶은, 필연적인 실패를 포함하게 될 것이다.** 필연적인 실패란 무엇인가? 내 삶에 갑자기 율법이 주어지고, 이 율법을 지켜야만 행복과 기쁨이 있으며, 나는 그것을 지킬 수 없기에 내 인생은 망했고 실패했다는 것을 느끼는 경험을 말하는 것이다.

많은 성도들이 도대체 율법이라는 것은 무엇인지, 나와는 관계 없는 이야기라고 생각할 때가 있다. 그러나 여전히 지금도 우리에게 율법의 조건이 주어져 있다. 율법이라는 것을 **"내 삶에 이렇게 해야만 미래에 행복할 수 있다고 말하는 것들"**이라고 여겨 보라. 그러면 내 삶 전체가 이 율법에 쌓여 있음을 금방 깨달을 수 있다.

'그 대학을 나와야만 좋은 직장에 갈 수 있어요', '그 자격증을 따야만 이직할 수 있어요', '외모와 키가 이 정도는 되어야 좋은 배우자를 만날 수 있어요', '40대까지 이 정도 금액은 모아야 미래의 안전을 담보할 수 있어요' 등등. 우리 인생은 나의 인생을 인정하고, 행복을 보장하며, 미래를 제시하는 끝없는 율법에 쌓여 매일 요구받는다.

세상에서 제시하는 율법의 조건들을 충족시키려 공부도 하고, 돈도 벌고, 자기 계발도 할 때 내 인생이 느끼는 것은 무엇인가? 바로 실패이다. 우리는 하나님께 원망한다. "이렇게 이번 시험에서 떨어지게 하실 거면 뭐하러 공부를 하게 하셨어요!", "이렇게 헤어지게 하실 거면 뭐하러 이 사람과 사귀게 하셨습니까!" 내 인생에 미래를 막는 것 같아 보이는 실패들, 조건과 자격을 갖추지 못해서 떨어지는 것들을 숱하게 경험하게 하신다.

그것이 바로 하나님의 정교한 실패의 계획이다. 은혜언약 중에 모세언약을 통과하는 자들은 어느 누구 하나 예외 없이 필연적인 실패를 경험하게 하신다. 그것이 바로 모세언약을 오늘 이 시대를 살아가는 성도들이 이해하는 방법이다.

정교하게 예정된 실패

율법이 하는 역할은 우리를 기죽이려는 것이 아니다. 은혜만 붙들게 하시기 위해서 내 인생에 무자비한 조건을 걸어서 다듬어 가시는 과정이다. 그러므로 이렇게 확신하자. **신자들이 실패를 경험하는 일은, 정교하게 예정되어 있다.** 이 말을 이해해야 한다. 하나님은 절대로 자신의 백성들이 이유 없이, 오히려 손해가 되는 어려움들을 당하기를 원하지 않으시는 분이다. 그렇다면 은혜를 주시겠다고 약속하셨음에도 불구하고 내 인생에 실패를 경험하게 하시는 이유는 한 가지 뿐이다. 우리 시대에도 여전히 율법, 즉 하나님과 세상으로부터 제시되는 여러 조건을 지키고 통과해야만 복을 얻을 수 있는 곳에 두시고, 우리로 하여금 발버둥치고, 정교한 계획 속에 실패하게 만드시면서 오직 은혜를 붙들게 하시는 것이다. 그때 내 삶이 열릴 수 있다는 것을 깨닫게 만드시기 위함이다. 율법은 은혜를 대체하지 않는다. 율법은 은혜로 나아갈 수 있도록 우리를 돕는다. 이것이 모세언약의 핵심이다.

모세언약을 믿는 자의 확신 1.
안 되는 것은 은혜의 방편이다

예수님을 믿으면 세상의 조건이 사라지는가? 예수님을 믿으면 공부하지 않아도 서울대에 가고, 취업 준비를 조금 덜 해도 대기업에 합격하면 얼마나 좋을까? 교회에서는 은혜, 즉 무조건적으로 구원받는다고 배웠는데, 세상에서 지금 내 인생에 당장 닥친 구원은 여전히 조건이 부여되어 있다. 그래서 신앙생활은 뜬구름 잡는 것으로 변화되고, 신앙을 내 일상에 어떠한 변화도 만들어 내지 못하는 것으로 오해해 내버리는 안타까운 모습들이 많다.

그렇지 않다. 은혜의 무조건성 안에서, 조건적으로 하나님이 내 인생에 막히는 것들을 경험하게 하실 때, 모세언약을 이해하는 자로서 우리는 어떤 조건 때문에 가로막히는 상황들을 다시 해석할 수 있다. 내 삶에서 안 되게 하시는 것을 은혜의 통로요, 은혜의 방편으로 바라볼 수 있게 되는 것이다.

바울 역시 하나님께서 율법, 즉 조건의 여정을 왜 우리에게 허락하시는지 이렇게 설명한다.

그러나 성경이 모든 것을 죄 아래에 가두었으니 이는 예수 그리스도를 믿음으로 말미암는 약속을 믿는 자들에게 주려 함이라 믿음이 오기 전에 우리는 율법 아래에 매인 바 되고 계시될 믿음의 때까지 갇혔느니라 이같이 율법이 우리를 그리스도께로 인도하는 초등교사가 되어 우리로 하여금 믿음으로 말미암아 의롭다 함을 얻게 하려 함이라(갈 3:22-24).

율법이 오히려 우리를 믿음으로 이끌어간다. 율법을 경험할 때 은혜만을 붙들게 된다. 그러므로 실천적으로 이렇게 적용하라. **조건의 제약을 결코 저주로 보지 않는 것이다.**

돈이 없는가? 외모나 키가 약점인가? 언변이 좀 부족한가? 하나님께서 내게 주신 조건의 제약은 결코 저주가 아니다. 그 조건을 통하여 은혜만을 붙들게 하시는 하나님의 정교한 계획이 된다.

갑작스러운 임시공휴일 지정

대학교에서는 보통 개강, 종강예배를 한다. 한 대학교에서 캠퍼스 안의 믿는 청년들만 예배를 드리다가 믿지 않는 학생들까지 초청해 전도하는 집회를 기획하고, 나를 강사로 초청했다. 날짜는 학기 중 평일 저녁이었다. 그런데 문제가 생겼다. 그 날이 급하게 임시공휴일로 지정돼 버린 것이다. 휴일로 지정되면 대학교 수업은 보통 휴강이 되기 때문에 학교에 학생들이 많이 없다. 원래 기획했던 행사들이 제대로 진행되지 않을 뿐더러, 참석자들도 많지 않을 것 같다는 우려가 들기 시작했다.

주최측은 오히려 나에게 미리 상황을 예측하며 사과와 격려를 하기 시작했다. "목사님, 그날 예상보다 사람이 좀 없을 수 있습니다. 그런 것들을 미리 감안해서 준비해 주시면 좋겠습니다." 무슨 말이겠는가? 행사 준비는 다 해 놨는데 갑자기 임시 공휴일이 되는 바람에 사람이 많지 않을 수 있으니, 김 빠지더라도 너무 낙담하지 말라는 말이었다.

당일이었다. 야외 집회를 기획했는데 설상가상으로 전날 새벽에 비가 내렸다. 모두가 덜덜 떨며 축제를 준비하는 현장에 나도 격려자로 나섰다. 고생이 많다고, 대신 하나님이 은혜 주시기를 기도하자고 말했다. 그렇게 격려는 했지만 과연 여기에 무슨 은혜가 있을지 기대하기 어려운 상황이었다.

모두가 은혜만을 간절히 의지하던 밤, 기적과 같은 일이 일어났다. 캠퍼스의 학생들이 휴일 저녁에 너무나 할 일이 없었던 것 같다. 수십 명, 많으면 백 명 정도 앉아 있을 것이라고 생각했는데, 수백 명의 학생들이 자리를 채우고 찬양과 말씀에 흠뻑 빠져들어 갔다. 야외 집회는 보통 어렵다. 집중도 안 되고, 추운 상황에서는 더더욱 사람들에게 말씀을 전달하는 것이 쉽지 않다. 그런데 이상하게 하나님이 힘을 주셨다. 설교를 할 때 하나님의 절박한 마음이 느껴졌다. 논리 전개에도 하나님이 지혜를 주셨다. 뒤에서 지켜보던 우리교회 목사님이, 사람들이 펑펑 울면서 말씀을 듣더라고 이야기했다. 혹시 추워서 운 게 아니냐고 다시 물어봤더니 아니었단다. 다행이었다.

모든 것이 열악한 진행이었다. 그래서 스텝들과 나 자신이 은혜만 붙들며 나아갔다. 날씨는 좋아지지 않았고, 여전히 추웠다. 그러나 그 안에서 흐르는 은혜가 있었다. 모든 것이 어려울 때가 있다. 그때 사람은 은혜를 붙든다. 안 되는 것은 은혜의 방편이다.

모세언약을 믿는 자의 확신 2.
되는 것은 감사의 방편이다

조건적인 일들을 통과하게 하신다고 해서, 모든 일이 무조건 다 실패한다는 말일까? 그렇지 않다. 하나님이 우리 인생에 무언가 할 수 있고, 이룰 수 있는 여력을 주실 때가 있다. 지금까지는 내가 할 수 있는 것들이 모두 나로부터 온 것이라고 착각했었다. 그러나 모세언약의 조건을 통과했을 때, 오히려 내가 지금 누리고 할 수 있는 것들마저 내게서 나온 것이 아님을 알게 된다. 은혜로 거저 받은 것임을 깨닫게 된다. 간신히 내 힘으로 조건을 지켜 낸 게 아니다. 하나님이 은혜를 주셔서, 그 뜻대로 실행할 수 있는 힘을 주셨다. 이 지킨 것마저 은혜임을 깨닫는다. 은혜가 더 깊어지는 것이다.

할 수 있는 것마저 은혜였다면 이제 내 삶은 달라진다. 무언가 누리고 실행할 수 있는 상황을 볼 때 나를 위해서가 아니라, 하나님을 드러내고 그분께 감사할 수 있는 방편으로 사용하게 된다.

> 믿음이 온 후로는 우리가 초등교사 아래에 있지 아니하
> 도다 너희가 다 믿음으로 말미암아 그리스도 예수 안에

서 하나님의 아들이 되었으니 누구든지 그리스도와 합하기 위하여 세례를 받은 자는 그리스도로 옷 입었느니라 (갈 3:25-27).

이제 나는 누구인가? 율법을 지켜야만 구원받는 자가 아니다. 율법의 조건들을 통한 실패를 거쳐 은혜를 붙들게 되니, 나의 현재 상태 자체가 그리스도로 옷 입은 자임을 알게 된다. 삶의 모든 요소에 은혜가 부어지고 있는 상황임을 알게 되는 것이다. 그렇다면 앞으로의 삶도 달라지게 된다. 어떤 행동을 해야 하나님께 은혜를 받을 수 있을까? 잘못하면 저주가 임하는 것이 아닐까? 하는 두려움과 공포 속에 하나님의 뜻에 순종하는 것이 아니라, 하나님이 말씀하신 순종의 말씀들은 그분을 기쁘시게 하는 일임과 동시에, 내가 행복해지는 일이라는 확신과 자신감이 생기게 된다.

디테일해지는 순종

하나님은 내게 선한 일을 행하는 분이시며, 그분의 요구가 내게 복이 됨을 확신하면 신자의 순종은 조건과 관계 없이 자발적이고 열정적이며 꾸준해진다.

치아는 보통 유전이라고 한다. 나는 이가 좋지 않다. 늘

이를 잘 닦는다고 생각했는데, 상태가 계속 나빠져서 그토록 말만 듣고 행하지 않았던 치실을 사용하기 시작했다. 치실을 처음 사용할 때는 정말 귀찮다. 경건한 언약의 교리를 이야기하는 책에서 이런 지저분한 이야기를 하는 것을 양해 바란다. 그런데 제대로 해 보니 차원이 달랐다. '나는 그동안 이를 닦고 있던 게 아니었구나'라고 생각할 정도였다. 치실이 주는 구원과 상쾌함의 세계를 깊이 경험한 것이다.

그래서 내가 어떻게 변화된 줄 아는가? 아무도 요구하지 않았는데 스스로 그다음 단계로 나아갔다. 내가 내 돈을 주고 치간 칫솔을 산 것이다. 이것이 2단계다. 나는 자발적이고도 즐거운 순종이 무엇인지 그때 이해했다. 이것이 행복이라는 것을 깨달으니 이후에는 누가 시켜서 하는 것이 아니라 좋아서, 이 일이 내게 유익이 될 것을 너무 확신하는 마음에 자발적으로 하는 것이다.

순종은 참 무섭다. 그 즐거움을 알기 시작하면 누가 시키지 않아도 한다. 그런데 복잡한 치아 교정으로 치아 관리가 힘들었던 형제가 나에게 한마디 거들었다. "목사님, 치실과 치간 칫솔이 끝이라고 생각하시죠? 워터픽을 써 보세요. 또 다른 세계가 열립니다!" 조건과 관계없이 더 많이 순종하는 사람이 또 있었다.

모세언약의 성취자

모세언약은 크게 시내산언약과 모압언약으로 나뉜다. 출애굽기 1장부터 신명기 28장까지 시내산언약이 기술되어 있고, 신명기 29장부터 34장까지를 보통 모압언약으로 구분한다. 이 둘을 합쳐서 모세언약이라고 부른다. 분명 모세언약에서는 언약의 조건적인 부분이 강조되어 나타난다고 했다. 모세언약의 초반부에는 하나님이 계속해서 이스라엘 '너희'가 그 조건을 실행해야 한다고 말씀하신다.

그러므로 **너희는 마음에 할례를 행하고** 다시는 목을 곧게 하지 말라(신 10:6).

그런데 모세언약의 마무리 부분인 모압언약에 가면 마음에 할례는 행하는 주체자가 바뀌어서 표현된다.

네 하나님 여호와께서 네 마음과 네 자손의 마음에 할례를 베푸사 너로 마음을 다하며 뜻을 다하여 네 하나님 여호와를 사랑하게 하사 너로 생명을 얻게 하실 것이며(신 30:6).

신명기 저자가 주어를 헷갈린 것인가? 그렇지 않다. 이 모든 것을 종합적으로 이해할 때 하나님이 은혜언약 안에서 언약의 조건성을 어떤 방식으로 활용하시는지 알 수 있다.

하나님께서 사람에게 조건을 요구하시는 것은, 은혜언약을 파기하고 대체하신 것이 아니다. 오히려 우리의 인생에 은혜만 붙들게 하시는 궁극적인 목적을 위해, 일시적인 방편으로서 율법의 조건을 말씀하신 것이다. 율법(조건)을 지켜서 하나님의 복을 누리려는 모든 시도는 실패할 수밖에 없다. 실패할 수 없는 길임에도 불구하고, 하나님은 그 조건을 이루어야만 한다고 우리에게 말씀하신다. 왜 그러한가? 쓸데없는 시도를 모두 버리고, 내가 노력하면 될 것이라는 생각을 모두 버리고, 철저히 은혜만 붙들게 하시기 위함이다.

우리가 율법을 지키는 데에 실패한 것은 하나님의 은혜를 더욱 강력하게 드러낸다. 율법을 지키지 못했으니 내가 저주를 받아야 한다. 이것은 결코 은혜가 될 수 없으나, 나를 대신하는 다른 사람 때문에 가능하게 되었다. 내가 율법을 지키지 못한 저주를 예수님이 대신 받으셨다면, 내가 율법을 지키지 못한 일은 오히려 하나님의 끊없는 은혜를 더욱 밝히 드러내는 일이 된다.

그리스도는 모든 믿는 자에게 의를 이루기 위하여 율법의 마침이 되시니라(롬 10:4).

나 대신 율법의 모든 조건을 만족시키신 예수님을 나의 구주로 모실 때 내 삶을 바라보는 모든 해석은 달라진다. 여전히 나 혼자 감당하지 못하고 순종하지 못하는 삶의 모습들이 있을 때에도 신자는 결코 낙심하지 않는다.

안 되는 것, 실패하는 것은 내 삶에 진짜 실패가 아니다. 진짜 실패, 진짜 저주는 예수님이 가져가셨기에, 오늘 나로 하여금 경험하게 하시는 실패와 무력감들은 더욱 더 은혜를 붙들게 되는 수단으로 사용하실 줄 믿게 된다.

여기서 멈추지 않는다. 순종하게 된 것, 성공한 것, 잘 되는 것을 경험하는 것도 다르게 해석한다. 복을 얻기 위해 순종하는 것이 아니다. 내가 잘해서 이렇게 잘된 것도 아니다. 내가 오늘 누리고 순종할 수 있는 것은 무언가를 바라기 때문이 아니라, 나에게 조건 없이 영생을 허락하신 그분의 인도하심을 확신하고 감사하여 이 길을 가고 싶기 때문이다. 하나님이 내게 순종할 힘을 주셨기 때문에 할 수 있었던 것이다. 안 되는 것은 은혜의 통로가 되고, 되는 것은 감사의 통로가 된다. 이것이 모세언약을 누리는 자의 삶이다.

오늘 내가 붙들어야 할 모세언약

- **정의**
  하나님이 이스라엘과 맺으신 율법 언약으로서, 율법을 지키면 복을 주시고 율법을 지키지 않으면 저주를 명하신 약속.

- **특징**
  모세언약은 분명 은혜언약이지만, 율법을 지켜야만 복을 얻는다는 조건성이 강조된다.

- **적용**
  ❶ **안 되는 것은 은혜의 방편이다**: 율법을 다 지킬 수 없는데 율법 아래에 두신 이유는 율법이 아닌 다른 구원을 찾게 만드시기 위함이다. 내 삶에 이룰 수 없고 해낼 수 없는 일들은 내가 은혜만을 붙들게 하시는 부르심으로 본다.

  ❷ **되는 것은 감사의 방편이다**: 원래 내 자신은 하나님의 율법을 지킬 수 없었음을 알기에 이제 내가 순종하게 된 것도 은혜 때문임을 인정한다. 은혜로 할 수 있게 되었음을 고백하기에 이제 내 삶의 성취, 능력, 재능있는 모든 것들을 하나님께 영광 돌리며 감사하기 위해 사용한다.

율법이라는 조건적인 약속을 통해
나의 무능함을 철저하게 깨닫게 하시는 주님,
내가 조건에 실패하는 삶의 모든 여정을 통해
무조건적인 은혜만 구하게 하소서.
내가 지금 할 수 있는 모든 것들마저 은혜 때문임을 믿고,
십자가만 자랑하는 자 되게 하소서.

여호와가 너를 위하여 집을 짓고 …
네 씨를 네 뒤에 세워 그의 나라를 견고하게 하리라
삼하 7:11-12

7

[다윗언약]

왕의 다스림 속에 거한다

사무엘하 7:1-17

성전을 짓고 싶었던 다윗

다윗은 하나님을 사랑하는 마음에 성전을 짓고 싶어 했던 사람이다. 하나님은 그 마음을 받으셨지만, 다윗이 여러 전쟁을 거치며 피를 많이 흘렸기에 다윗이 아닌 솔로몬 때에 성전을 짓게 될 것이라 말씀하신다. 이렇게 언약의 시선 없이 다윗의 성전 건축 사건을 읽으면, 좋은 일을 하려던 다윗이 하나님께 거절을 당한 에피소드로만 보인다.

하나님은 다윗의 성전 건축 시도를 통해 하나님의 은혜언약이 어떻게 점진적으로 확장되어 가는지를 보여 주신다. 지금까지 은혜언약은 대부분 이론과 토대를 닦는 작업이었다. 노아언약을 통해 피조 세계에 대한 토대를 말씀하셨다. 아브라함언약을 통해 후손과 땅에 대해 약속하셨다. 모세언약을 통해 율법을 받아 하나님의 사람들이 어떤 기준을 지켜야 하는지 알게 하셨다. 다윗언약은 이 모든 이론과 토대를 가지고 실제로 삶을 살아내기 시작할 때, 하나님이 어떤 방식으로 함께하시는지를 보여 주는 은혜언약이다. 하나님은 우리가 실제로 삶을 살기 시작할 때 어떤 방식으로 함께하시는가? '다스림'으로 함께하신다.

다윗언약

다윗언약이란 무엇인가? **하나님께서 다윗을 통해 왕국을 세우시고, 영원히 그 왕국을 지키시겠다고 약속하신 언약**이다. 이 왕국에 대한 약속은 다윗이 하나님을 위해 성전을 짓겠다는 결심을 할 때 받게 된 것이다. 다윗이 하나님께 집(성전)을 지어드리기를 원한다고 말하자, 하나님은 일부러 주어를 바꾸어서 말씀하신다. "네가 나에게 집을 짓겠다고 하는구나? 그렇지 않아. 내가(하나님) 너를(다윗) 위해 집을 지을 거야!"

전에 내가 사사에게 명령하여 내 백성 이스라엘을 다스리던 때와 같지 아니하게 하고 너를 모든 원수에게서 벗어나 편히 쉬게 하리라 여호와가 또 네게 이르노니 **여호와가 너를 위하여 집을 짓고** 네 수한이 차서 네 조상들과 함께 누울 때에 **내가 네 몸에서 날 네 씨를 네 뒤에 세워** 그의 나라를 견고하게 하리라 그는 내 이름을 위하여 집을 건축할 것이요 나는 그의 나라 왕위를 영원히 견고하게 하리라(삼하 7:11-13).

주어의 변화가 보이는가? 이 모든 이야기의 처음 시작은 다윗이 성전을 건축하려는 마음을 가진 것이었다. 모든 주체는 다윗이었다. 그러나 하나님은 그 생각이 확장되어 갈 때, 인칭대명사를 바꾸어서 응답을 주신다. 다윗이 하나님의 집을 짓는 것이 아니라, 하나님이 다윗의 집을 지으신다. 다윗이 하나님 나라를 지키는 것이 아니라, 하나님이 다윗의 나라를 지키신다.

왕국 = 다스림

하나님이 다윗에게 왕국을 주시고, 그것을 지키시겠다고 한 이유는 무엇인가? 그 왕국을 통해 하나님의 '다스림'을 실현시키시기 위함이다. 다윗이 왕이 된 것이 하나님의 다스림이 드러나는 통로가 되었던 것이다. 마이클 브라운 교수는 다윗이 '왕'인 것이 중요함을 다음과 같이 설명한다.

> 우리는 성경이 왕으로서의 다윗 외에는 그에게 별다른 관심을 두지 않는다고 말할 수 있다. 우리가 다윗에 대해 가지고 있는 모든 개인적이며 친숙한 지식은 우리가 그를 왕으로서 알도록, 그리하여 우리가 그리스도 안에 나타난 하나님의 구속 계획 안에서 왕의 직분을 더 잘 파악하도록 하기 위한 것이다.[37]

왕이 하는 일

왕은 자신의 백성을 보호하고 통치하며, 자신의 것을 백성에게 후히 베푼다. 성경의 많은 구절들에는 왕직의 묘사가 곧 다스림의 실행으로 연결되는 경우가 많다.

> 하나님이여 주의 판단력을 왕에게 주시고 주의 공의를 왕의 아들에게 주소서 그가 바다에서부터 바다까지와 강에서부터 땅 끝까지 다스리리니(시 72:1,8).

성경은 예수님이 제사장이시며, 왕이시고, 동시에 선지자이시라고 설명한다. 이것이 예수님의 삼중직이다. 이 삼중직 중에 왕이 포함되어 있다. 예수님이 왕이시라는 것은 도대체 무슨 뜻인가? 다스리심이 그 핵심에 있다.

> 주님이 '위로' 자기 자신을 아버지께 올려드리심이 제사장직이며, '아래로' 자기 자신을 우리에게 내려 주심이 왕직이다. 주님은 죽기까지 복종하심으로 자기 자신을 아버지께 올려드리신 그 의로 자기 자신을 우리에게 내려 주셨다. (…) 주님이 우리를 다스리시는 방식 혹은 질서는 자기 자신을 우리에게 주심에 있다.[38]

왕은 자신을 내려 주는 것이다. 다스리는 것은 곧 준다는 뜻이다. 왕이 가진 것을 백성에게 주는 것, 그것이 왕직의 본질이다. 그러니까 하나님은 우리를 통치하시면서 자신의 것을 나누신다는 것을 보여 주시기 위해, 다윗을 왕으로 세워 그 계획을 실행하신 것이다. 칼빈은 기독교 강요에서 이렇게 보충한다.

> … 그리스도의 통치 법칙은 무엇이든지 그가 아버지께 받은 것을 우리와 함께 나누시는 데 (있다) … 왜냐하면 그는

우리를 자기의 권능으로 무장시키시고 훈련시켜, 자기의 아름다움과 장엄함으로 장식하시며, 자기의 부요하심으로 부요하게 하시기 때문이다. 여기에서 우리에게 더할 나위 없는 자랑거리가 넘치며, 두려움 없이 마귀 및 죄와 죽음과 맞서 싸우게 되는 확신이 솟아오른다.[39]

성심당의 주인은 누구인가

대전의 유명 빵집인 성심당의 창업자 임길순 회장은 6.25 전쟁 때 흥남철수를 생생히 경험한 사람이다. 먹을 것이 없어 굶어죽을 뻔한 고난을 여러 번 거치며, 이 고난을 이겨 낸다면 평생 남들에게 먹을 것을 나눠 주면서 살아야겠다는 다짐을 하게 된다. 대전역 앞에서 찐빵을 팔다가 빵집을 하나 만들었는데 문제가 생겼다. 분명 이 빵집의 주인은 나인데, 그 당시 제빵 기술자들이 희귀한 실정이었다. 주인이 제빵 기술자들에게 잘해 주니까, 점점 이 기술자들이 사장을 가지고 놀기 시작했다. 계속 말도 안 되는 요구를 하기도 하고, 실망스러운 행동을 이어가며 마치 기술자가 주인인 양 행세하기 시작했다.

가게를 운영하는 데 필요한 핵심 기술이 주인에게 없다는 것은 치명적인 약점이었다. 그 약점을 누구보다도 잘 아는 기술자들이 집요하게 그 부분을 파고들기 시작했다. 툭하면 가불을 요구하고 습관적으로 태업을 일삼았다. 근무시간에 술을 마시고 춤추러 다니는 일까지 있었다. (…) 한순덕은 기술자들에게 더 이상의 가불은 불가하다고 통보했다. 한순덕의 의지가 확고하다는 사실을 확인한 공장장은 그날 밤 자기 아래 있던 기술자 네 명을 데리고 성심당을 떠나 버렸다. 하루아침에 성심당은 제빵 기술자 한 명 없는 빵집으로 전락했다.[40]

주인은 사장인데, 실제 운영은 제빵 기술자들에게 휘둘리고 있었던 것이다. 그때 임길순 회장은 달라지기로 결단한다. 가족이 다 달려들어서 직접 반죽부터 배우며 실력을 기르기 시작한다. 이웃 빵집을 찾아 다니며 사정하면서 더이상 휘둘리지 않기 위해 계획을 세운다. 그러다가 각각 따로 있던 전통적인 제빵의 메뉴 세 가지를 합친다. 단팥빵, 소보로, 도넛. 이 셋을 합치면 무엇인가? 바로 오늘의 성심당을 있게 한 튀김 소보로가 되었다.

왜 갑자기 다윗언약을 이야기하다가 빵집 이야기를 하는 걸까? 이것이 다스림의 핵심이기 때문이다. 왕의 직위만 가지고 있는 것은 의미가 없다. 내가 사장이라는 것만으로는 충분하지 못하다. 내가 주인이라면, 내가 다스릴 수 있어야 한다. 내가 왕이라면, 그 다스림이 실행되어야 한다. 우리의 삶도 마찬가지다. 하나님이 왕이시라고 고백하는가? 하나님이 내 삶의 주인이라고 말하고 있는가? 그런데도 불구하고 내 삶에 왜 하나님의 은혜가 흐르지 않는가? 이 다윗언약의 실행이 막혀 있기 때문이다. 다윗언약의 회복은 곧 다스림의 회복이다. 하나님은 이 다윗언약이 우리의 삶에도 실행될 수 있도록 하시기 위해, 우리의 삶 속에서 하나님의 다스리시는 권위를 회복시키실 것이다.

지상적인 것이 흔들린다

그러므로 하나님의 다스리심을 이해하기 위해서 명심해야 할 것은, 하나님의 다스리심은 결코 지상적인 것에 매여 있지 않다는 것이다. 하나님이 주인이시라면, 그동안 내가 주인이었던 것들을 하나님이 이 땅에서 파괴하시고 빼앗아 가시는 느낌이 들 것이다. 하지만 내 가정에 문제가 생기고, 내 커리어가 꼬여 가며, 내 연애와 결혼 생활에 문제가 생길 때, 하나님의 다스림이 없다고 치부하면 안 된다. 하나님의 다스림은 지상적인 것을 넘어서까지 미치기 때문이다.

만약 지상의 삶의 수준을 넘어서는 그 이상의 열매가 존재하지 않는다면, 우리가 천상의 왕의 권세 아래로 모인다는 것이 무슨 유익이 있겠는가?[41]

다윗언약을 믿는 자의 확신 1.
외적 다스림

하나님이 왕이시다. 하나님이 다스리신다. 이것을 믿는 사람들이 확신해야 할 다스림의 영역 중 첫 번째는 삶의 외적인 영역이다. 아무리 어려운 외부의 상황도 하나님이 다스리시는 상황임을 믿어야 한다.

또한 그는 구름에 습기를 실으시고 그의 번개로 구름을 흩어지게 하시느니라 그는 감싸고 도시며 그들의 할 일을 조종하시느니라 그는 땅과 육지 표면에 있는 모든 자들에게 명령하시느니라 혹은 징계를 위하여 혹은 땅을 위하여 혹은 긍휼을 위하여 그가 이런 일을 생기게 하시느니라(욥 37:11-13).

욥은 하늘의 습기로 구름이 생기는 것, 구름이 이동하는 것마저 하나님이 다양한 목적 안에서 그 일을 수행하시는 것이라고 고백한다. 즉 외적으로 생기는 변화들 중에 하나님의 다스림이 부재한 영역은 단 한 곳도 없다는 말이다.

내 마음에 들지 않거나, 내 기대와 다른 상황이 펼쳐졌다고 해서 하나님이 다스리고 계시다는 믿음마저 무너지는 영역에, 우리는 다윗언약을 통한 하나님의 영원한 다스리심을 심어야 한다.

사고를 다스리신다는 확신

부정적인 일마저 하나님의 다스림 안에 있다는 설교를 들으면, 우리는 목사님이 실제 그런 일들을 당해 보시지 않아서 너무 쉽게 이야기하신다는 생각을 하곤 한다. 직접적으로 슬픔과 상실에 직면하면, 하나님의 다스림은 전혀 위로가 되지 않을 것 같다는 전제에서다. 과연 그럴까?

존 파이퍼 목사님이 시무하시는 교회에 다니던 한 부부도 같은 생각을 하게 되었다. 자신의 태중의 자녀에게 문제가 생긴 것을 알았을 때, 하나님의 다스리심을 인정해야하는 순간에 직면하게 된 것이다.

아내와 나는 처음으로 초음파 검사를 받으러 가기 위해

차에 짐을 실었습니다. 우리는 소식(아들인지 딸인지)을 접한 후에 스무디를 먹으며 기쁨을 누릴 생각이었지요. (…) 그런데 우리가 진료실에 앉아 있는데 기사가 즐겁게 떠들다가 갑자기 입을 다물더니 스크린을 응시하는 모습을 보았습니다. (…) 마침내 담당의사가 들어왔습니다. 그는 우리에게 초음파가 상당히 확실하다는 걸 알려 주게 되어 유감스럽다고 말했습니다. (…) 윌의 딸은 척추뼈 갈림증에 걸렸답니다. 또한 다운 증후군과 유아 사망 증후군으로 알려진 유전자 질환에 걸릴 수도 있다고 했습니다.[42]

정말 이 상황은 하나님이 다스리시는 상황이 맞는가? 그런데 신기하게도, 부부는 그 상황에서 존 파이퍼 목사님이 설교 중에 똑같은 이야기를 했던 것이 생각났다고 한다. 존 파이퍼 목사님은 교통사고로 어머님을 잃게 되었는데, 목사님이 직접 그 죽음을 대면하면서 그 사고에 하나님의 다스림이 있었는지를 고민했던 것이다. 그 내용이 부부에게도 실제적으로 다가왔다.

이는 더 이상 이론이 아니라 당장 어떤 답변이 필요한 실제 상황이었습니다. 아니, 하나님이 이것을 "허용"하셨을까? 더 나쁘게는, 그것을 계획하셨을까? 확실히 그분은 그토록 큰 고통의 고안자일 수 없었습니다.

그때 나는 당신의 어머니의 죽음에 관한 글을 읽었습니다. 당신은 이렇게 썼지요. "나는 하나님이 사륜 구동차의 질주를 통제할 수 없었다는 견해로부터 위안을 얻을 수 없었다. 나로서는 우연한 사건에서 위로를 찾을 수 없었다." 그 글이 내 마음에 와 닿았고 (…) 나 역시 그랬습니다.

나는 과거에 무엇을 믿는다고 생각했든지 간에 그 순간 희망을 찾을 수 있었던 유일한 곳은 주권적인 하나님, 곧 참새의 추락과 왕들의 선정, 사륜 구동차의 질주와 우리의 귀한 딸의 척추 발달을 주관하시는 하나님의 손 안에만 있었습니다. 바로 여기서 희망을 찾았습니다. 그리고 기쁨의 모판인 희망은 우리의 마음속에서 자라기 시작했고, 그 기쁨은 그 어떤 고통도 흔들 수 없는 것이었습니다.[43]

하나님이 다스리신다는 것을 어떻게 받아들일 수 있을까? 그 다스림을 의심하게 되는 그 순간에 감정적으로, 순간적으로 반응하려고 하기보다 하나님이 다스리신다는 그 사실 자체를 깊이 묵상해 보라. 그리고 그렇게 보이고, 그렇게 믿어지고, 그렇게 인정하게 될 때까지 긴 시간 머물러

보라. 실제적인 사고와 재앙 앞에서 전혀 도움이 될 것 같지 않았던 '하나님의 다스림'이라는 단순한 진리가 우리의 유일한 소망이 됨을 깨닫게 될 것이다. 그러므로 우리는 이렇게 고백할 수 있다.

다스림에는 하나의 예외도 없다.
다스림에는 한순간의 예외도 없다.

다윗언약을 믿는 자의 확신 2.
내적 다스림

하나님의 다스리심은 어디까지 미치게 되는가? 하나님의 다스리심은 외적인 환경을 넘어 내 마음을 변화시키는 데까지 그 다스림이 미친다. 하나님은 외적인 환경을 변화시키시면서 궁극적으로 나의 마음을 다스리시기를 원한다. 다윗언약을 담고 있는 사무엘상하의 전체 주제는 '마음'이다. 처음부터 끝까지 하나님은 사람의 마음을 보시는 분임을 보여 주시며, 다윗이 왕으로 준비되어 갈 그때에도, 하나님은 왕의 외적인 조건보다 주님께 다스림을 받는 마음을 준비시켜 가고 계셨음을 알 수 있다.

사무엘상은 한나의 이야기로 시작한다. 한나가 아이가 생기지 않아 고민하며 기도할 때, 엘리 제사장에게 자신이 하고 있는 기도를 스스로 이렇게 규정한다.

한나가 대답하여 이르되 내 주여 그렇지 아니하니이다 나는 마음이 슬픈 여자라 포도주나 독주를 마신 것이 아니요 여호와 앞에 내 심정(마음)을 통한 것뿐이오니(삼상 1:15).

하나님은 엘리 제사장과 한나 사이에서 어떤 다스림을 대조해서 보여 주고 계시는가? 엘리는 제사장으로서 자신의 직분 안에서 백성들을 가르치고 다스리는 입장에 있었다고 볼 수 있다. 그러나 그것이 곧 하나님이 그의 마음까지 다스리시고 있었다는 말은 아니다. 여기서 그 대조가 나타나고 있다. 실제로 하나님께 자신의 마음까지 드려 그 다스림을 받고 있었던 사람은 엘리가 아니라 한나였음이 나타난다.

사울 왕 이후에 다윗 왕이 세워져야 할 때도 사무엘은 겉으로 보기에 왕의 다스림을 실행할 수 있는 사람을 찾았다. 그러나 하나님은 그때에도 여전히 다른 싸움이 진행되고 있음을 말씀하신다.

여호와께서 사무엘에게 이르시되 그의 용모와 키를 보지

말라 내가 이미 그를 버렸노라 내가 보는 것은 사람과 같지 아니하니 사람은 외모를 보거니와 나 여호와는 중심(마음)을 보느니라 하시더라(삼상 16:7).

마음을 보셨다면, 이후 내용에서는 하나님이 다윗의 마음을 말씀하셔야 한다. 그런데 기름부을 때에 다윗의 묘사는 오로지 외적인 부분에만 머무른다.

이에 사람을 보내어 그를 데려오매 그의 빛이 붉고 눈이 빼어나고 얼굴이 아름답더라 여호와께서 이르시되 이가 그니 일어나 기름을 부으라 하시는지라(삼상 16:12).

무슨 뜻인가? 다윗이 기름부음을 받았음에도 불구하고 16장부터 31장까지 하나님은 마음을 단련하시고 만들어 가시는 기간이었다. 우리는 그 시간 동안 무슨 일이 있었는지 기억한다. 다윗은 사울을 죽일 기회가 있었음에도 불구하고 하나님이 주신 마음을 따라, 여호와의 기름부음 받은 자를 해하지 않는 법을 배운다. 주님이 마음까지 다스리시기 시작하신 것이다. 나발을 죽이러 가고 싶었지만 자신이 직접 보복하지 않겠다고 다짐한다. 하나님이 자신의 마음을 다스리셔서 자신의 분노마저 통제할 수 있는 자가 된 것이다.[44]

따라서 이렇게 적용할 수 있다. **은혜언약에 수혜자로서, 오늘 나는 모든 상황을 하나님이 나의 마음을 다루시는 과정으로 볼 수 있다.** 나의 내면의 주인 되시는, 나의 생각의 주인 되시는 분이 나를 다스리고 계시다. 벌어지는 모든 상황이, 하나님이 내적 다스림을 펼치고 계시는 과정으로 볼 때에 그분의 일하심이 포착되기 시작한다.

부당함을 수용하기

이 시대 문화의 목소리는 우리의 삶에 부당한 일들 때문에 우리가 불행한 것이라고 말한다. 행복해지려면, 삶의 부당한 것들을 제거해야만 한다. '직장에서 이런 대우를 받는 것은 부당한 일이다', '이런 부모를 만나게 된 것이 내 인생의 부당함이다'. 부당함의 기준으로 보면 내 인생의 모든 것이 다 불행해 보인다. 사람들은 부당하거나 억울한 일을 당하지 않고 사는 것을 삶의 목적으로 삼는다. 그러나 이 세상 그 어떤 곳에서도 부당함을 온전히 벗어날 수는 없다.

직장생활을 하며 숱한 기업의 부조리를 마주했던 청년을 상담했던 적이 있다. 기업의 부당함에 견디지 못하고 시민단체를 찾아갔다고 한다. 조금 행복해졌냐고 물었더니 대답이 의외였다. 그 시민단체 안에서도 숱한 부조리와, 이익을 두고 벌이는 싸움들이 똑같이 있는 것을 발견하고 생각이 달라졌다는 것이다. 나는 그 답변이 인상 깊었다. 왜 그런가? 하나님이 허락하신 이 땅의 부당함들을 제거하기 위해서만 사는 것은 하나님의 일하심을 매우 단편적으로 이해하는 것이기 때문이다.

하나님의 사람들은 정의를 추구해야 한다. 불의함을 제거하고 나은 사회를 만들기 위해 노력해야 한다. 그러나 그 부당함이 제거되는 것은 그것을 두고 투쟁하며 저항하는 것만으로 이루어지는 것이 아니다. 부당한 곳에서 하나님이 뜻하신 일들을 묵묵히 수행해 나간다. 때를 기다리며 함께 오염되지 않는다. 그러다 보면 어느새 훨씬 더 나은 열매를 맺게 되는 것이 얼마나 많은지 모른다.

욥은 자신이 당한 고난을 처음에는 받아들이지 못한다. 그러나 친구들과의 대화 속에 점점 부당함의 세계가 있다는 것을 인정하기 시작한다.

> 어찌하여 악인이 생존하고 장수하며 세력이 강하냐 그들의 후손이 앞에서 그들과 함께 굳게 서고 자손이 그들의 목전에서 그러하구나 그들의 집이 평안하여 두려움이 없고 하나님의 매가 그들 위에 임하지 아니하며 전능자가 누구이기에 우리가 섬기며 우리가 그에게 기도한들 무슨 소용이 있으랴 하는구나(욥 21:7-9,15).

욥은 부당함의 세계가 있음을 인정하고 있다. 악인이 잘되고, 장수하며, 강한 세계가 이 삶에서 펼쳐지고 있다는 것이다. 이 고백을 분석하며 크리스토퍼 애쉬는 욥이 이렇게 말하는 것이 부당한 세계를 인정하는 일임을 다음과 같이 설명한다.

여러분은 나쁜 일이 나쁜 사람들에게 일어난다고 말합니다. 최종적으로 나쁜 일이 나쁜 사람들에게 일어나리라는 데는 나도 동의합니다. 그러나 그냥 주변을 한번 둘러보기만 해도 알듯이, 이생에서 매우 좋은 일이 나쁜 사람들에게 자주 일어납니다. 내 말은 이런 뜻입니다. 악인이 받아 마땅한 심판을 아직 안 받았으니, 의인이 최종적으로 옳다고 인정받기 전에 이생에서 겪지 않아야 마땅한 나쁜 일을 겪을 수도 있지 않겠습니까? 그러므로 나 욥이 의롭고, 여러분의 추론이 전혀 거짓일 수도 있지 않겠습니까?[45]

욥이 지금 인정하고 있는 것은 무엇인가? 최종적으로는 부당함이 제거되겠지만, 내가 악한 일을 했기 때문에 당하는 부당함이 아니다. 의인이 최종적으로 의롭다함을 받기 전에 이생에서 분명히 통과해야 할 부당함의 여정들이 있다는 것이다. 이것은 부당함을 제거할 수 없을 때, 하나님이 부당함을 통해 만들어 가시는 새로운 일들이 있음을 말하고 있다.

부당함의 온기

부산 국제영화제 상영작이었던 〈알레마니아〉라는 영화가 있다. 두 명의 누나와 남동생의 이야기이다. 아르헨티나 소녀 로라는 독립적이며 주체적인 주인공이다. 독일로 교환학생을 가고 싶어한다. 반면 그의 언니인 첫째 홀리는 정신질환을 앓는다. 언니의 정신질환 때문에 동생은 언제나 부모님께 칭찬 받기보다 양보하기를 강요받는다. 부모님은 그런 언니를 돌보기 위해서 몰두할 뿐이다. 로라는 독립적인 생활을 할 수 있음에도 불구하고 포기해야 하는 것들이 많아진다. 가정 안에서 부당함을 경험하는 것이다.

결국 로라는 일탈을 감행하여 남자친구도 사귀고 클럽에도 다닌다. 부당함에서 벗어난 것이다. 이제 행복이 올 것으로 생각한다. 그러나 가정의 부당함을 피했더니 이제는 세상의 계산적인 모습들과 세상의 부당함을 다시 만나게 된다. 클럽 친구들과의 관계 속에서, 이해득실로 정해지는 바깥 세계의 무정함을 경험한다. 그리고 다시 깨닫는다. 그렇게 자신을 힘들게 했던 가족이었지만, 그 부당함 속에서 가족들을 통해 양보와 배려를 배웠다는 것이다. 이 영화를 본 어떤 관람객이 내용을 이렇게 리뷰했다.

어른이 된다는 것은 부당함을 수용하고 이해하는 과정이다. 그리고 그 첫 수업은 대게 가정에서 이루어진다.
형이 시험 기간이면 집에서 조용히 해야 하고, 어머니가 몸이 좋지 않으면 다 같이 죽을 먹는다. 하지만 동생은 누나의 모든 것을 배려하기에 아직 어리고, 하고 싶은 것이 많다.
정신질환을 앓는 누나와 함께 사는 동생의 성장 드라마지만, 많은 부분에서 어린 시절 집에서 부당함을 느끼며 분노하던 나의 모습을 찾을 수 있었다.
그때는 그렇게밖에 할 수 없었던 부모님의 마음을 왜 헤아리지 못했을까? 그리고 내가 그랬듯 로라도 언젠가 사회의 구성원이 되어, 배려와 양보가 아닌 차가운 부당함을 느끼게 될 것이다. 하지만 그녀에게는 가족을 위해서 모든 것을 기꺼이 희생할 부모님과 서로를 이해하는 언니와 동생이 있다. 내가 처음 부당함을 배운 곳이 우리 가족이라 얼마나 감사한지 새삼 느끼게 만드는 영화이다.[46]

어른이 된다는 것은, 부당함을 수용하고 이해하는 과정이다. 우리가 신앙에서 이 부분을 놓쳐서는 안 된다. 하나님이 나의 내면도 다스리신다면 한번 돌아보라. 가정의 부당한 환경, 직장의 부당한 대우, 교회의 부당한 상황 속에서 하나님은 나의 태도와 내 안의 다스림의 주체가 누구인지도 함께 묻고 계신 것은 아닌가?

합당한 것만 찾아다니려다가 지치게 될 것이다. 다윗은 그 하나님이 다스리시겠다는 언약을 받은 이후 사울이라는 부당한 왕의 압박에 시달리는 세계로 들어갔다. 사울을 마주쳤을 때 죽여야 맞는 것이 아닌가? 그러나 다윗은 즉시 실행하는 합당함보다 하나님의 내적인 다스리심을 구했다.

최종적으로 하나님은 합당한 일을 행하실 것이다. 그러나 하나님이 다윗언약의 실행 속에서 우리를 부당한 실패가 주어지는 세계로 이끄실 수 있다는 것을 받아들이라. 부당함은 없어져야 하는 것이 아니라 통과해야 하는 것이다.

이 글의 제목이 '부당함의 온기'다. 세상은 차갑고 부당하다. 그러나 그 속에서 따뜻한 온기를 잃지 말라. 부당함을 없애려 하지 말고, 그 안에서 배려와 여전한 친절을 유지해 보라. 부당함 속에 피어나는 하나님의 다스리심이 분명히 있다.

모세언약 vs. 다윗언약

언약의 렌즈로 각 은혜언약을 바라보면, 그것이 얼마나 탁월하게 조화를 이루는지 알 수 있다. 지난 모세언약의 특징이 무엇이었는가? 율법, 즉 조건을 강조하는 언약이었다. 그러나 그 의도는 은혜를 버리는 것이 아니었다. 조건성을 강조하고 압박하여, 우리는 조건을 지킬 수 없고 은혜를 붙들지 않으면 살 수 없는 존재임을 깨닫게 만들기 위함이다. 따라서 모세언약은 '조건성'으로 압박하여 '무조건성'으로 가게 만드는 특징이 있다.

다윗언약은 그 반대다. 다윗언약은 처음부터 '무조건성'을 강조한다. 하나님이 다윗에게 왕국을 주겠다고 약속하신다. 그런데 사울과 다르다. 무슨 잘못을 해도 영원히 그 왕국은 빼앗기지 않는다고 말씀하시면서 무조건성을 '영원함'으로 보장하신다.

그는 내 이름을 위하여 집을 건축할 것이요 나는 그의 나라 왕위를 영원히 견고하게 하리라 나는 그에게 아버지가 되고 그는 내게 아들이 되리니 그가 만일 죄를 범하면 내가 사람의 매와 인생의 채찍으로 징계하려니와 내가 네 앞에서 물러나게 한 사울에게서 내 은총을 빼앗은 것처럼 그에게서 빼앗지는 아니하리라(삼하 7:13-15).

다스림은 왕과 백성의 관계여야 한다. 그러나 이제 왕과 종이 아니라 '아버지와 아들'의 관계로 바뀐다. 죄를 범하면 죄와 심판의 구조가 나타나야 한다. 그러나 죄를 범함에도 은혜가 임하는 구조로 바뀐다. 다윗은 아무리 잘못해도 무조건성이 강조된다.

이 무조건적인 은혜 앞에서 다윗은 어떻게 바뀌는가? 모세언약과 반대적인 결과가 나타난다. 모세언약은 조건적인 율법에 실패하여 무조건적인 은혜를 붙들게 만든다. 반대로, 다윗언약은 무조건적인 하나님의 은혜 앞에, 나도 그 율법을 자발적으로 지키기를 원한다는 조건적인 순종을 이끌어 낸다. 우리야의 아내를 범한 범죄 이후에도, 하나님은 다시 다윗을 살리신다. 다윗의 인생은 무조건적인 은혜가 부어지며 변화되는 이야기이다.

다윗이 나단에게 이르되 내가 여호와께 죄를 범하였노라 하매 나단이 다윗에게 말하되 여호와께서도 당신의 죄를 사하셨나니 당신이 죽지 아니하려니와(삼하 12:13).

결국 다윗은 자신의 실패와 범죄함에도 끝없이 부어지

는 은혜 때문에, 결국 내면까지 하나님이 다스리시는 자로 변화되게 된다. 시므이가 저주할 때도, 맞대어 저주하지 않는다.

> 왕이 이르되 스루야의 아들들아 내가 너희와 무슨 상관이 있느냐 그가 저주하는 것은 여호와께서 그에게 다윗을 저주하라 하심이니 네가 어찌 그리하였느냐 할 자가 누구겠느냐 하고(삼하 16:10).

이 사무엘상하 전체의 흐름을 김희석 교수는 이렇게 주석한다.

> 무조건성의 은혜를 받은 사람은 그 은혜에 감격하여 하나님 앞에 더 겸손하게 순종하게 되기에, 결국 무조건성이 조건성을 충족시키는 방향으로 영향을 주게 된다는 사실을 다윗 내러티브는 우리에게 보여 주고 있다.[47]

다윗언약의 완성

다윗에게 부어 주셨던 무조건적인 은혜와 나는 무슨 상관인가? 다윗언약은 단순히 다윗에게만 주어지는 것이 아니라, 다윗의 자손 예수 그리스도를 통해 예수님을 믿는 자에게 동일한 효력이 발생함을 성경은 약속하고 있다.

> 곧 우리가 원수 되었을 때에 그의 아들의 죽으심으로 말미암아 하나님과 화목하게 되었은즉 화목하게 된 자로서는 더욱 그의 살아나심으로 말미암아 구원을 받을 것이니라(롬 5:10).

다윗에게 영원한 은혜가 임한다. 끝이 아니다. 이 언약은 우리 것이기도 하다. 원수에게 은혜가 임한다. 하나님을 대적하는 자에게 은혜가 임한다. 무조건적인 은혜가 예수 그리스도를 통해서 우리에게도 주어진다. 이 다윗언약이 내 삶에도 흐르고 있음을 알 때에, 내 삶은 온전히 변화된다.

다윗에게 왕국을 약속하셔서 자신의 다스림을 펼치시겠다고 약속하신 하나님께서, 예수 그리스도를 통해 나도 자신의 백성으로 삼으셔서 그 다스림을 펼치시겠다고 약속하셨다. 그래서 오늘 내 삶은 더 이상 외적인 상황 때문에 흔들리지 않는다. 다스림엔 한 순간의 예외도 없음을 확신하며 부정적인 상황들도 주님이 통제하심을 믿고 평안 가운데 거할 수 있다.

나아가 오늘의 모든 부당한 상황들 속에서 외적인 환경만을 고치려는 집착에서 자유하게 된다. 모든 부당한 상황들에는 내 내면까지도 다스리기를 원하시는 주님의 뜻이 함께 있음을 알고, 부당함 속에 잠잠히 순종하게 된다. 이것이 다윗언약을 믿는 자들의 삶이다.

오늘 내가 붙들어야 할 다윗언약

- **정의**
  하나님께서 다윗을 통해 왕국을 세우시고, 영원히 그 왕국을 지키시겠다고 한 약속.

- **특징**
  다윗의 자손 예수 그리스도를 통해 다윗의 왕국은 이스라엘의 민족적인 나라를 벗어나서 하나님의 나라와 그의 백성을 향한 하나님의 다스림으로 확대된다.

- **적용**
  ❶ **외적 다스림**: 하나님의 다스림은 내가 통제할 수 없는 모든 외부적인 요소들에 미친다. 자연 만물, 전쟁, 질병, 사고까지도 하나님이 세밀하게 다스리시고 계심을 신뢰하며, 그것이 오히려 우리의 삶에 큰 위로가 된다.

  ❷ **내적 다스림**: 하나님은 자신의 백성들의 내면에 주인이 되셔서, 그 마음을 감찰하시며 그 마음을 연단하신다. 나도 내 삶에 하나님이 허락하시는 모든 연단을 하나님께서 내 마음을 다루시는 과정으로 볼 수 있다.

왕이신 주님, 내가 하나님의 다스림을 온전히 신뢰하고,
그 다스림을 누리는 자 되게 하여 주옵소서.
외적인 모든 환경이 하나님의 주권 안에 움직이고 있음을
깨달아 평안을 회복하게 하소서.
나의 마음을 주님께 드려 온전히 내 마음을
주님이 주관하여 주소서.

내가 이스라엘 집과 유다 집에 새 언약을 맺으리라
곧 내가 나의 법을 그들의 속에 두며 그들의 마음에 기록하여
나는 그들의 하나님이 되고 그들은 내 백성이 될 것이라
렘 31:31, 33

8

[새언약]

하나님이 하신다

예레미야 31:31-34

현실에 무너지는 약속

새언약은 구약의 예레미야서부터 시작된다. 예레미야서에서는 언약을 두고 무엇이 맞는지 싸움이 벌어지는 현장으로 이해하면 좋다. 모세언약은 무엇이었는가? 율법에 순종하면 복이 있다, 그렇지 않으면 저주가 있다는 약속이었다. 언약의 조건성이 강조된다. 다윗언약은 무엇이었는가? 내가 사울에게서 빼앗았던 것처럼 너에게서 은혜를 빼앗지 않겠다, 내가 너를 위해 집(왕국)을 짓겠다. 언약의 무조건성이 강조된다.

이 언약 위에서 남유다 백성들은 처참한 현실을 마주한다. 하나님의 말씀에 순종하지 않아 나라가 어려워지고, 바벨론의 침략을 당하는 일을 경험하게 된다. 나라가 망할 수 있다는 경고는 예전부터 많이 들었다. 하나님이 선지자를 통해서 그냥 경고하시는 줄 알았다. 그런데 실제로 내 눈 앞에서 이제 나라가 망해가는 모습을 보는 지경에 이르렀다. 스스로가 망하는 그 역사적인 순간에 막상 서 보니, 백성들에게는 무슨 생각이 들었겠는가? "아, 이제 하나님의 생각이 바뀌셨구나. 원래 다윗언약을 통해서 사울에게서 빼앗았던 것처럼 은혜를 빼앗지 않겠다고 하셨는데, 우리가 범한 죄악이 너무나도 크다 보니, 결국 모세언약의 조건성을 근거로, 다윗언약을 무효화시키시는 것이구나!" 자신들이 초래한 현실이 약속을 무효화시킨 것이라는 착각에 빠지게 된다.

현실을 이기는 약속

현실에 무너졌을 때 새롭게 주어지는 약속이 바로 새언약이다. 새언약이란, **이스라엘 백성이 모세언약을 깨뜨렸음에도 불구하고, 하나님이 주권적으로 그들을 순종하게 하셔서 언약의 수혜자가 되게 하시겠다는 약속이다.**

그러므로 새언약에서는 도대체 무엇이 새로운 것인지가 중요하다. 새롭다는 것은 그 전의 언약이 존재했다는 것이다. 새로운 것의 반대말은 옛 것이다. 옛언약은 무엇인가? 모세언약으로 보아야 한다. 모세언약에 있는 약속들이 불순종으로 파기되었더라도, 새언약에서 주어지는 갱신된 약속들을 통해 하나님의 은혜가 이어진다는 것이다. 율법의 조건을 지켜야만 구원을 얻는 것이 옛언약이었다. 그러나 율법의 조건을 지키지 못했음에도 불구하고 구원의 길이 있음을 보여 주는 것이 새언약이다.

새언약은 옛언약과 중보자가 달라진다. 옛언약, 즉 모세언약의 중보자는 모세였다. 모세가 대신하여 이스라엘 백성을 위해 율법을 받았다. 그러나 모세는 이스라엘 백성들의 죄악을 정결케 할 수 있는 능력은 없었다. 새언약의 중보자는 예수님이시다. 예수님은 옛 중재자 모세보다 훨씬 더 나은 역할을 하신다. 모세는 순종하면 복을 얻는 길을 열었다. 그러나 예수님은 불순종해도 복을 얻는 길을 열었다. 이것이 새언약의 차이이다.

새언약의 주체

그러므로 새언약을 오늘 내 삶의 입장에서 다시 정리하자면, **하나님이 직접 신자의 마음에 자신의 율법을 기록하**

셔서 순종하게 하시고 이 언약의 수혜자가 되게 하시겠다는 약속이다. 예레미야에서는 '새언약'이라는 단어가 직접 사용되며 하나님이 언약을 갱신하신다. 새언약에서는 '하나님'이 강조된다. 누가 하시는가? 하나님이 하신다. 누가 이루시는가? 하나님이 이루신다. 인간이 다 실패했어도, 다 잘못했어도, 다 망쳐 놨어도, 하나님이 끝까지 다 이루시겠다는 약속이다.

> 여호와의 말씀이니라 보라 날이 이르리니 내가 이스라엘 집과 유다 집에 새언약을 맺으리라 그러나 그 날 후에 내가 이스라엘 집과 맺을 언약은 이러하니 곧 내가 나의 법을 그들의 속에 두며 그들의 마음에 기록하여 나는 그들의 하나님이 되고 그들은 내 백성이 될 것이라 여호와의 말씀이니라(예 31:33-34).

마음에 법을 두는 것은 사람이 해야 할 일이었다. 그런데 주체가 바뀐다. 마음에 법을 두는 것을 하나님이 하신다고 말씀하신다. 마음에 말씀을 기록해야 할 것은 이스라엘 백성이 했어야 할 일이다. 그런데 마음에 말씀을 기록하는 일마저 하나님이 하시겠다고 말씀하신다. 이 약속이 주어지고 있는 배경이 중요하다. 이 약속이 주어질 때가 어떤 시기였는가? 불순종과 죄악이 곪아 터지고 터져서, 나라마저 멸망하는 것을 눈으로 보고 있을 때였다. 마음이 모두 하나님을 떠났는데, 하나님은 이 상황에서도 마음까지 온전히 변화된 새로운 일들을 이루겠다고 말씀하고 계신 것이다.

약속과 현실의 힘 싸움

그러므로 신자들은 하나님이 하신다는 것을 강조하는 새 언약의 수혜자로서, 당연히 삶에서 기대해야 할 것이 있다. **바로 약속과 현실의 힘 싸움이다.** 예수님을 처음 믿고 신앙생활을 시작하면 하나님이 처음에 응답을 많이 해 주신다. 하나님의 살아계심을 직접 느끼게 해 주시는 기회가 많다. 우스갯소리로 기도 응답을 빨리 받고 싶으면 초신자에게 기도를 부탁하라는 이야기가 있을 정도니 말이다. 그런데 신앙생활을 오래 하다 보면 하나님과 내 자신 모두에게 실망한다. 하나님도 일하시는 것 같지가 않다. 내가 봐도 내 신앙이 형편없다. 아무것도 기대할 수 없는 현실 속에 기도조차 나오지 않는다. 기도해야 응답이 있다고 하셨는데, 기도조차 하질 않으니, 말씀조차 읽질 않으니 내게 소망이 없다고 느껴진다.

바로 그 순간이 새언약이 주어지는 순간이다. 인간으로서는 아무것도 할 수 없고 소망할 수 없는 그때에, 모든 주체가 하나님이 되셔서, 하나님이 모든 것을 하시겠다는 약속이다. 그러므로 신앙생활 이후에 찾아오는 약속과 현실의 괴리의 시간을 소망 중에 통과해야 한다. 은혜를 받은 이후에 철저히 실패하는 나의 모습에 결코 기죽지 말라. 나 스스로도 변화시킬 수 없는 내 마음 때문에 괴로워할 때, 결코 포기하지 말라. 내 마음과 생각마저 바꾸셔서 하나님의 뜻을 이루시는 새언약이 우리에게 주어져 있기 때문이다.

새언약을 믿는 자의 확신 1.
파괴는 결과가 아니다

모든 것이 망한 상황에서도 하나님이 주도적으로 자신의 뜻을 이루실 수 있다는 것을 믿을 때, **우리는 오늘의 삶에 파괴된 것들이 결코 내 삶의 결과로 주어진 것이 아님을 믿어야 한다.** 하나님이 예레미야에게 새언약을 주실 때, 예레미야를 통해서 하실 자신의 사역의 순서를 이렇게 설명하신다.

보라 내가 오늘 너를 여러 나라와 여러 왕국 위에 세워 네가 그것들을 뽑고 파괴하며 파멸하고 넘어뜨리며 건설하고 심게 하였느니라 하시니라(예 1:10).

건설하고 심기 전에 뽑고, 파괴하고, 파멸하고, 넘어뜨리는 일이 나타난다. 앞부분만 보면 멸망을 뜻하는 것 같다. 그러나 전체 흐름 속에 이 모든 파괴의 목적은 무엇인가? 새로운 건설을 위함이다. 새언약의 견고함이 온전히 나타나게 하시기 위해서 하나님은 우리의 인생에 파괴되는 상황들을 펼치실 때가 있다. 그 파괴된 것은 결코 하나님이 궁극적인 심판, 궁극적인 결과로 내게 행하신 것이 아님을 확신해야 한다.

삶이 무너져 갈 때, 우리는 두 가지 함정 빠진다. 첫째는 외면하는 것이다. 남유다 백성들도 마찬가지였다. "이 정도면 망한 게 아니야. 우리 아직 살만 해. 이 정도 시련은 이겨낼 수 있어"라는 식으로 상황을 회피했다.

너희는 이것이 여호와의 성전이라, 여호와의 성전이라, 여호와의 성전이라 하는 거짓말을 믿지 말라 보라 너희가 무익한 거짓말을 의존하는도다 너희가 도둑질하며 살인하며 간음하며 거짓 맹세하며 바알에게 분향하며 너희가 알지 못하는 다른 신들을 따르면서 내 이름으로 일컬음을 받는 이 집에 들어와서 내 앞에 서서 말하기를 우리가 구원을 얻었나이다 하느냐 이는 이 모든 가증한 일을 행하려 함이로다(예 7:3, 8-10).

하나님이 행하시는 파괴를 똑바로 보지 못하고 회피하는 것은 하나님이 원하시는 삶의 태도가 아니다.

두 번째는 파괴를 마지막으로 보는 것이다. 여기서 우린 끝났다고 아무 소망도 갖지 않는 것이다. 내 삶에 아무리 심각한 일이 벌어졌어도, 새언약의 소유자들은 여기서 하나님의 일하심이 끝나지 않음을 믿어야 한다.

전설적인 음이탈

교회를 오래 다닌 이들은 유튜브에서 꼭 한 번씩 보았을 청년이 있다. 사랑의교회의 헌금시간에 〈강한 용사〉라는 특송을 하다가 심각한 음이탈 사고를 냈던 청년이다. 너무나도 은혜로운 특송의 하이라이트에서 음이탈이 났기에 영상이 수백만의 조회수를 기록하며 돌아다녔다. 한 유튜브 채널에서 이 사람을 찾다가 메일을 보냈는데, 의외의 답변이 돌아왔다. 하나님이 이 청년을 다루시기 위해 이 청년을 먼저 파괴하고 계셨던 것이다.

스스로 노래를 잘한다고 생각했던 때가 있습니다. (…) 그러나 당시에는 모든 것을 내려놓고 신학공부를 하고 있었지요. 세상을 향해 날아가려는 날개를 모두 잘라 내었다고 생각하고 있었지만 저는 여전히 저 자신을 드러내고 싶었던 모양입니다. 당연한 말이지만 음이 높으면 낮추면 됩니다. 하지만 저는 낮추지 않았습니다.
음이탈이 나는 순간 저는 삶과 죽음의 경계에 선 것 같은 기분이었습니다. 저는 노래를 사랑한 적도 없었고, 그렇다고 사람들을 위해 노래를 부른 적도 없었습니다. 저는 단지 잘난 척을 하고 싶었고, 환호를 받고 싶었고, 우월감을 느끼며, 그것이 노래라고 생각했던 것 같습니다. (…) 가수가 꿈이었던 것이 아니라 환상이 꿈이었던 것이지요.

하나님은 헌금 특송을 통해 음이탈 사건을 활용하셨다. 모두 웃고 조롱하며, 스스로 자신도 창피해하며 자책하는 시간일 줄만 알았는데, 하나님은 이 파괴의 사건을 사용하셔서 한 사람을 새롭게 만들고 계셨다.

생각이 이렇게 정리가 되자 가수의 꿈을 포기할 수 있었습니다. 저에게 더 이상 노래나 음악은 의미가 없었습니다. 저 자신을 행복하게 할 수 없다는 것을 깨달은 것입니다. 제가 이런 생각을 할 때쯤 진정으로 강한 용사 여호와를 만났습니다. 그분은 저에게 의미 있는 삶이 어떤 삶인지 깨닫게 해 주셨고, 하나님을 사랑하며 사람을 사랑하는 것이 어떤 것인지 알게 해 주셨습니다. 그렇다면 노래가 트라우마라고 말하기는 힘들 것 같습니다. 고마운 존재이지요^^ 저의 빽사리는 하나님 없이 살려고 했던 지난 삶의 요약입니다. 이제 하나님 없이도 행복할 수 있다는 허망한 마음을 뒤로하고 참된 것과 영원한 것을 따르려고 합니다. 부디 응원해 주십시오.[48]

내가 이 청년이었다면 내 흑역사의 원본을 삭제해 달라고 영상 게시물을 신고했을 것 같다. 그러나 파괴의 사건은 새로운 건설의 사건이었다. 새롭게 심는 시간이었다. 하나님은 바로 그 망한 일을 통해서, 하나님 없이 살려고 했던 지난 삶을 청산하게 하시고 하나님을 위해 살게 하셨다.

사람을 살린 노래

이 청년은 목사가 되었다. 이 곡의 생명력은 여기서 끝나지 않는다. 이 청년의 고백을 보게 된 한 사람이 이 영상에 댓글을 달게 된다.

저 노래를 부르신 목사님께는 힘든 기억일 수도 있겠지만 제겐 사람을 살린 곡이었다는 걸 전해드리고 싶어요. 어느 교회 목사님이신지 직접 메일을 넣고 싶었으나 서면으로 인터뷰를 진행하신 점을 보아 예의가 아닌 것 같고 (…) 본인이 주제가 된 영상이니 분명 계속 보고 계실거라 생각하고 댓글 답니다.

저는 예전에도 요즘에도 우울을 겪어요. 비정기적으로 뛰어내리고 싶다는 생각을 하고 그걸 어떻게 실천할지 고민을 하느라 꽤 오랜 시간을 보내곤 합니다. 그 우울이 정말로 심해졌던 몇 년 전 어느날 목사님의 레전드 영상을 보고 어느샌가 웃느라 정신없는 저를 발견할 수 있었어요. 속이 편해지더라구요. 그렇게 속 편히 웃었던 몇 분이 옥상도, 유서도, 세상을 어떻게 마무리할지에 대한 고민도 싹 없애준 거죠. 비웃음과 조롱이 아니라 저를 살려준 노래라고, 진심으로 그렇게 생각하고 있습니다.[49]

내 실수가, 내 죄악이, 내 좌절이, 결코 하나님이 나에게 펼치실 앞길을 막지 못한다. 믿는가? 이걸 믿어야 한다. 심지어 내가 주도적으로 계획한 죄악이더라도, 내가 악의적으로 하나님을 떠나고 방황을 자초했어도, 그것 때문에 하나님이 내 인생에 성취하실 일들이 결코 가로막히지 않는다. 그러므로 오늘의 파괴된 삶의 현장에서 다시 일어나라. 이 파괴는 결코 하나님이 나에게 마지막 결과로 주신 일이 아니다.

새언약을 믿는 자의 확신 2. 질적인 변화가 있다

약속을 받고 순종을 다짐한다. 그리고 넘어진다. 넘어짐에도 불구하고 하나님이 다시 고치고 싸매신다. 다시 일어선다. 다시 약속을 받고 순종을 다짐한다. 또 넘어진다. 그리고 하나님이 다 하시겠다고 한다. 이게 새언약인가? 새언약이 아니라 '재언약' 아닌가? 언뜻 보면 하나님이 예레미야를 통해 주신 새언약은 기존의 실패와 갱신이 계속되는 구조로만 보인다.

성경의 언약 전체를 바라보는 핵심이 점진성이라고 했다. 그렇다면 새언약은 이전의 언약 구조와 다르게 무언가 발전된 양상이 나타나야 한다. 새언약은 성령을 통해서 내적인 새로움을 가져다 준다는 점에서 이전의 약속들과 다르다.

그러나 그 날 후에 내가 이스라엘 집과 맺을 언약은 이러하니 곧 내가 나의 법을 그들의 속에 두며 그들의 마음에 기록하여 나는 그들의 하나님이 되고 그들은 내 백성이 될 것이라 여호와의 말씀이니라(예 31:33).

지금까지 법은 하나님의 백성들의 마음 밖에 있었다. 내 마음은 다른 것을 향했으나, 복을 받기 위해 어쩔 수 없이 지켜야만 하는 것이었다. 그 약속을 지키지 않고 넘어졌을 때에도 하나님이 은혜로 살려 주신 것 뿐이었다.

그런데 새언약은 다르다. 다시 살려 주셔서 하나님의 뜻대로 살아볼 '기회'를 주신 것이 아니다. '구원'을 주신 것이다. 어떤 구원을 주셨는가? 그 뜻대로 살 수 있는 마음 자체를 주신 것이다. 이제 하나님의 뜻대로 살아야 하는 것이 아니다. 하나님의 뜻대로 '살고 싶어'진다. 하나님을 사랑해서 복을 얻는 것이 아니다. 하나님을 '사랑하고 싶어'진다. 그 내적인 변화를 누가 주시는가? 하나님이 주신다. 하나님이 내적 갱신을 통해 이 모든 일을 이루시겠다는 약속이 새언약이다.

마음을 변화시키는 믿음

하나님이 존재하시고, 예수님이 그분의 아들이신 것을 많은 사람이 믿는다. 그런데 성경에는 무서운 말씀이 나온다.

그것을 모두 알고 고백하는 사람들이 다 천국에 들어가진 못할 것이라는 말씀이다.

> 그 날에 많은 사람이 나더러 이르되 주여 주여 우리가 주의 이름으로 선지자 노릇 하며 주의 이름으로 귀신을 쫓아 내며 주의 이름으로 많은 권능을 행하지 아니하였나이까 하리니 그때에 내가 그들에게 밝히 말하되 내가 너희를 도무지 알지 못하니 불법을 행하는 자들아 내게서 떠나가라 하리라(마 7:22-23).

주의 이름으로 행하는 일이 많이 있지만, 그렇다고 해서 그것이 곧 내가 영생으로 이끄는 믿음을 소유한 자임을 증명하는 것은 아니라는 말이다.

> 네가 하나님은 한 분이신 줄을 믿느냐 잘하는도다 귀신들도 믿고 떠느니라(약 2:19).

심지어 '분명히 하나님이 살아계신 것을 내가 믿습니다'라는 고백으로는 구원을 얻지 못한다고 말한다.

이런 구절은 보통 교회에서 위협용으로 사용된다. 교회에 오래 다닌 사람들이 신앙생활을 제대로 안 할 때, "그런

식으로 해서 천국 가겠어?"와 같은 협박의 수단으로 사용한다. 그러나 이 본문은 신자들을 향한 위협의 본문이라기보다는, 진단의 본문으로 보면 좋다. **참된 믿음, 구원하는 믿음은 분명 정서를 변화시킨다는 것이다.** 정서(affection)란 쉬운 단어로 '끌림'이라고 생각하면 좋다. 무언가를 신뢰하고 믿게 된다면, 그것이 좋아지고, 그것을 즐거워하고, 설레고, 따르고 싶고, 갖고 싶은 마음이 생기게 된다. 실제로 구원하는 믿음을 가진 증거는 단순한 고백에 머무르지 않고, 그분을 따르기를 원하는 마음, 즉 정서가 변화되는 경험을 하게 된다. 성경은 입술의 고백이 참된 것인 줄 알려면, 그 모든 고백이 마음으로부터 시작된 것임을 확인해야 함을 이렇게 말한다.

> 사람이 마음으로 믿어 의에 이르고 입으로 시인하여 구원에 이르느니라(롬 10:10).

실제로 어떤 사람의 삶의 방향과 가치가 변할 때에는, 지식이나 다짐을 통해서 변화되지 않는다. 그 사람의 선호, 즉 마음의 끌림이 변화면서 바뀌게 된다.
우리는 결정을 내릴 수 있다. 그렇지만 정서는 그렇게 할 수 없다. 정서는 마음의 반사작용으로서 무언가를 경험하는 데서 비롯된다. 한밤중에 집에 누군가가 침입하는 소리를 들으면 '두려움'이 일어난다. 남편이 전쟁에서 살아 돌아온다는 소식을 들으면 '기쁨'이 일어난다. 암이 사라졌다는 의사의 말을 들으면 '감사'가 일어난다.[50]

하나님이 마음에 새긴다고 말씀하신 새언약의 일하심이 바로 이것이다. 하나님을 사랑하겠다고, 말씀대로 살아가겠다고 다짐하는 것이 옛언약이었다. 그런데 하나님이 내적인 거듭남을 경험하게 하셔서, 마음으로부터 하나님을 사랑하는 정서를 일으키신다. 새로운 마음을 주신다는 말이다. 따라서 내가 구원하는 믿음을 가졌음을 확인할 수 있는 가장 강력한 증거는 하나님을 기뻐하게 되는 것이다. 하나님을 따르고 싶은 정서가 생기는 것이다. 정서는 반응하는 것이기 때문에, 내가 구원하는 믿음을 소유한 자라면 이것은 하나님이 주신 선물이라고 밖에는 달리 고백할 수 없다. 하나님을 사랑하고 따르고 싶어지는 마음! 이것이 하나님이 주시는 새언약의 선물이다.

너희는 그 은혜에 의하여 믿음으로 말미암아 구원을 받았으니 이것은 너희에게서 난 것이 아니요 하나님의 선물이라(엡 2:8).

새언약의 중보자

하나님은 어떻게 더러운 그들의 마음을 새롭게 하시는가? 하나님은 어떻게 그들의 죄들을 다루시지도 않고 임의적으로 그들을 용서하시는가? 예레미야에는 새언약의 선언과 약속만이 나타난다. 그러나 성경 전체를 보면 이 새언약의 완성과 근거가 예수님을 중심으로 이렇게 기술된다.

또 떡을 가져 감사 기도 하시고 떼어 그들에게 주시며 이르시되 이것은 너희를 위하여 주는 내 몸이라 너희가 이를 행하여 나를 기념하라 하시고 저녁 먹은 후에 잔도 그와 같이 하여 이르시되 이 잔은 내 피로 세우는 새언약이니 곧 너희를 위하여 붓는 것이라(눅 22:19-20).

새언약의 근거가 여기에 있다. 새언약은 무엇으로 세워졌는가? '내 피로' 세워졌다. 하나님은 자신의 백성들의 마음 속의 죄악을 가져가실 수 있는 근거를 마련하셨다. 그것이 바로 예수님의 십자가였다. 하나님이 자신의 백성들의 마음에 새로운 마음을 주실 수 있는 근거를 마련하셨다. 그것이 예수님의 마음이었다.

너희 안에 이 마음을 품으라 곧 그리스도 예수의 마음이니 그는 근본 하나님의 본체시나 하나님과 동등됨을 취할 것으로 여기지 아니하시고 오히려 자기를 비워 종의 형체를 가지사 사람들과 같이 되셨고 사람의 모양으로 나타나사 자기를 낮추시고 죽기까지 복종하셨으니 곧 십자가에 죽으심이라(빌 2:5-8).

하나님은 예수님을 통한 새언약의 성취로, 구속언약으로부터 이어지는 자신이 택한 백성을 구원하시겠다는 약속을 모두 실행하신 것이다. 그 구속언약의 근거는 예수 그리스도였음을 성경은 분명히 증거한다.

찬송하리로다 하나님 곧 우리 주 예수 그리스도의 아버지께서 그리스도 안에서 하늘에 속한 모든 신령한 복을 우리에게 주시되 곧 창세 전에 그리스도 안에서 우리를 택하사 우리로 사랑 안에서 그 앞에 거룩하고 흠이 없게 하시려고 그 기쁘신 뜻대로 우리를 예정하사 **예수 그리스도로 말미암아** 자기의 아들들이 되게 하셨으니(엡 1:3-5).

지금까지 옛언약의 수혜자는 이스라엘 백성이었다. 그러나 언약의 점진적인 발전의 과정을 통해서 보면 이 언약을 누구에게까지 확장하시기를 원하셨는지 알 수 있다. 이제 하나님과 이스라엘이 맺었던 언약은, 하나님과 예수님을 믿는 신자들과의 언약으로 확장됨을 볼 수 있다. 예수님이 중보자 되신 새언약 안에 있는 사람들은 이스라엘 백성이 아님에도 불구하고 하나님이 아브라함과 맺으신 아브라함의 약속도 유효해질 것이다. 땅과 후손을 주시겠다는 약속이 새 하늘과 새 땅에서 우리에게 이루어질 것이다.

또 내가 새 하늘과 새 땅을 보니 처음 하늘과 처음 땅이 없어졌고 바다도 다시 있지 않더라 또 내가 보매 거룩한 성 새 예루살렘이 하나님께로부터 하늘에서 내려오니 그 준비한 것이 신부가 남편을 위하여 단장한 것 같더라 내가 들으니 보좌에서 큰 음성이 나서 이르되 보라 하나님의 장막이 사람들과 함께 있으매 하나님이 그들과 함께 계시리니 그들은 하나님의 백성이 되고 하나님은 친히 그들과 함께 계셔서 모든 눈물을 그 눈에서 닦아 주시니 다시는 사망이 없고 애통하는 것이나 곡하는 것이나 아픈 것이 다시 있지 아니하리니 처음 것들이 다 지나갔음이러라(계 21:1-4).

모세의 언약도 유효해질 것이다. 율법을 지키면 복을 얻는다고 말씀하셨기에 나는 해당이 없는 사람이라고 생각했다. 그러나 율법을 지키지 못한 나 대신 율법의 완성 되신 예수님이 계시기에 나는 내가 순종한 것처럼 순종해서 받는 모든 복을 누릴 수 있는 사람이 되었다.

율법이 육신으로 말미암아 연약하여 할 수 없는 그것을 하나님은 하시나니 곧 죄로 말미암아 자기 아들을 죄 있는 육신의 모양으로 보내어 육신에 죄를 정하사 육신을 따르지 않고 그 영을 따라 행하는 우리에게 율법의 요구가 이루어지게 하려 하심이니라(롬 8:3-4).

내가 새언약의 수혜자임을 스스로 깨닫고 확신하게 하시기 위해 성령 하나님이 내 마음에 내주하시며 내가 이 약속 안에 있음을 날마다 확신시켜 주신다.

그의 성령을 우리에게 주시므로 우리가 그 안에 거하고 그가 우리 안에 거하시는 줄을 아느니라(요일 4:13).

오늘 내가 붙들어야 할 새언약

- **정의**
  이스라엘 백성이 모세언약을 깨뜨렸음에도 불구하고, 하나님이 주권적으로 그들에게 새 마음을 주셔서 순종하는 백성이 되게 하시겠다는 약속.

- **특징**
  율법의 외적인 순종보다 내적인 변화를 통한 자발적인 순종이 강조되며, 그 변화의 주체는 인간이 아니라 하나님이시다.

- **적용**
  ❶ **파괴는 결과가 아니다:** 하나님께서는 우리를 무너뜨리시지만, 그것은 언제나 우리를 다시 세우시기 위함이다. 따라서 우리의 삶에 파괴된 것들이 결코 내 삶에 결과로 주어진 것이 아님을 알고 낙심하지 않을 수 있다.

  ❷ **질적인 변화가 있다:** 또 실패하고, 또 일어서는 것을 반복하는 것이 아니다. 하나님이 우리의 마음을 새롭게 하시면 내면으로부터 그분의 뜻을 따르고자 하는 질적으로 변화된 마음을 기대할 수 있다.

예수님, 새언약의 중보자가 되어 주심에 감사합니다.
겉으로 보이는 행위만 주님 따르는 데에 그치지 않게 하시고,
나에게 하나님을 사랑하는 마음을 일으켜 주소서.
새로운 마음을 주셔서 즐거움으로
주님의 말씀에 순종하게 하옵소서.

주

1) 존 페스코, 『삼위일체와 구속 언약』(부흥과개혁사, 2019), p. 99.
2) 해당 구절에 대한 자세한 주해는 위의 책, pp. 79-105.
3) Louis Berkhof, Systematic Theology (Grand Rapids: Eerdmans, 1996), p. 263; 마이클 브라운 · 자크 킬, 『언약신학으로의 초대』(부흥과개혁사, 2016), p. 20.
4) 존 페스코, 『삼위일체와 구속 언약』, p. 41, 42, 216.
5) 존 페스코, 『삼위일체와 구속 언약』, p. 210.
6) D. A. Carson, Divine Sovereignty and Human Responsibility: Biblical Perspectives in Tension(Grand Rapids: Baker, 1994); 로버트 피터슨, 『선택과 자유의지』(개혁주의신학사, 2016), p. 245에서 재인용.
7) 마이클 브라운 · 자크 킬, 『언약신학으로의 초대』, p. 31.
8) R. C. 스프로울, 『하나님의 예정과 선택』(생명의말씀사, 2014), p. 67.
9) 데이비드 베네타, 『태어나지 않는 것이 낫다』(서광사, 2019).
10) 김도현 페이스북.
11) 오노레 드 발자크, 『고리오 영감』(민음사, 1999), p. 200-01.
12) 존 페스코, 『아담과 행위언약』(부흥과개혁사, 2024), p. 462.
13) 아서 밀러, 『아서 밀러 희곡집』(평민사, 1997), p. 253.
14) Herman Bavinck, Reformed Dogmatics, 4 vols., ed. John Bolt, trans. John Vriend, 4 vols. (Grand Rapids, MI: Baker Academic, 2004-2007), Ⅲ:577; 존 페스코, 『아담과 행위언약』, p. 518에서 재인용.

15) 메어리 E. 디머스, 『평범한 엄마, 특별하신 하나님』(믿음과행함, 2005), p. 132.
16) 메어리 E. 디머스, 『평범한 엄마, 특별하신 하나님』, p. 133.
17) 마이클 브라운·자크 킬, 『언약신학으로의 초대』, p. 83.
18) 김희석, 『언약신학으로 본 구약의 하나님 나라』(솔로몬, 2022), p. 40.
19) 김희석, 『언약신학으로 본 구약의 하나님 나라』, p. 38.
20) 김희석, 『언약신학으로 본 구약의 하나님 나라』, p. 54.
21) 어거스틴, 『고백록』(대한기독교서회, 2019), p. 115-16.
22) 가이워터스·니컬러스 리드·존 뮤더 엮음, 『언약신학』(부흥과개혁사, 2022), p. 139.
23) 스즈키 도시오, 『지브리의 천재들』(포레스트북스, 2021), p. 273.
24) 스즈키 도시오, 『지브리의 천재들』, p. 274.
25) 찰스 콜슨, 『그리스도인, 이제 어떻게 살 것인가』(요단출판사, 2002), p. 546
26) J. A. Simpson, V. Griskevicius, S. I. Kuo, S. Sung, and A. W. Collins, "Evolution, Stress, and Sensitive Periods: The Influence of Unpredictability in Early Versus Late Childhood on Sex and Risky Behavior," Developmental Psychology 48 (2012): 674-686; Rob Henderson, Troubled(Gallery Books, 2024), p. 18에서 재인용.
27) 가이워터스·니컬러스 리드·존 뮤더 엮음, 『언약신학』(부흥과개혁사, 2022), p. 136.
28) 가이워터스·니컬러스 리드·존 뮤더 엮음, 『언약신학』, p. 176.

29) 원용일, 『직장인을 위한 콜링 스토리』(브니엘, 2020), p. 174-75.

30) Geerhardus Vos, Biblical Theology: Old and New Testaments(1948; repr., Carlisle, PA: Banner of Truth, 2014), p. 55; 가이워터스 · 니컬러스 리드 · 존 뮤더 엮음, 『언약신학』, p. 173에서 재인용.

31) 더글라스 무, 『NICNT 로마서』(솔로몬, 2022); 팀 켈러, 『당신을 위한 갈라디아서』(두란노, 2018), p. 105에서 재인용.

32) 톰 네틀즈, 『스펄전 평전』(부흥과개혁사, 2016), p. 59.

33) 스캇 펙, 『아직도 가야 할 길』(열음사, 2007), p. 38.

34) 공병철, 『하수구 뚫는 법대생』(일터개발원, 2022), p. 49.

35) 공병철, 『하수구 뚫는 법대생』, p. 187, 194.

36) 모세언약의 조건성과 무조건성에 관한 보다 자세한 논의는 김희석, 『언약신학으로 본 구약의 하나님 나라』, p. 147-211을 참조하라.

37) 마이클 브라운 · 자크 킬, 『언약신학으로의 초대』, p. 176.

38) 문병호, 『기독론』(생명의말씀사, 2016), p. 804.

39) 존 칼빈, 『기독교 강요2』(생명의말씀사, 2020), p. 448.

40) 김태훈, 『성심당』(남해의봄날, 2016), p. 75.

41) 존 칼빈, 『기독교 강요2』, p. 446.

42) 존 파이퍼, 『섭리』(생명의말씀사, 2021), p. 302.

43) 존 파이퍼, 『섭리』, p. 302-03.

44) 마음을 중심으로 사무엘상을 주해한 내용은 다음의 책을 참조하라. 김희석, 『언약신학으로 본 구약의 하나님 나라』, p. 239-246.

- **45)** 크리스토퍼 애쉬, 『욥기』(한국성서유니온선교회, 2014), p. 312.
- **46)** https://www.biff.kr/kor/artyboard/mboard.asp?Action=view&strBoardID=9612_10&intPage=1&intCategory=0&strSearchCategory=|s_name|s_subject|&strSearchWord=&intSeq=79544 (주현빈, '부당함의 온기')
- **47)** 김희석, 『언약신학으로 본 구약의 하나님 나라』, p. 264.
- **48)** https://www.youtube.com/watch?v=Aoml0eLkwMg
- **49)** 위의 링크.
- **50)** 존 파이퍼, 『구원하는 믿음』(생명의말씀사, 2023), p. 318.

사명선언문

너희가 흠이 없고 순전하여……세상에서 그들 가운데 빛들로
나타내며 생명의 말씀을 밝혀 _ 빌 2:15-16

1. 생명을 담겠습니다
만드는 책에 주님 주신 생명을 담겠습니다.
그 책으로 복음을 선포하겠습니다.

2. 말씀을 밝히겠습니다
생명의 근본은 말씀입니다.
말씀을 밝혀 성도와 교회의 성장을 돕겠습니다.

3. 빛이 되겠습니다
시대와 영혼의 어두움을 밝혀 주님 앞으로 이끄는
빛이 되는 책을 만들겠습니다.

4. 순전히 행하겠습니다
책을 만들고 전하는 일과 경영하는 일에 부끄러움이 없는
정직함으로 행하겠습니다.

5. 끝까지 전파하겠습니다
모든 사람에게, 땅 끝까지, 주님 오시는 그날까지
복음을 전하는 사명을 다하겠습니다.

서점 안내

광화문점	서울시 종로구 새문안로 69 구세군회관 1층 02)737-2288 / 02)737-4623(F)
강남점	서울시 서초구 신반포로 177 반포쇼핑타운 3동 2층 02)595-1211 / 02)595-3549(F)
구로점	서울시 동작구 시흥대로 602, 3층 302호 02)858-8744 / 02)858-0653(F)
노원점	서울시 노원구 동일로 1366 삼봉빌딩 지하 1층 02)938-7979 / 02)3391-6169(F)
일산점	경기도 고양시 일산서구 중앙로 1391 레이크타운 지하 1층 031)916-8787 / 031)916-8788(F)
의정부점	경기도 의정부시 청사로47번길 12 성산타워 3층 031)845-0600 / 031)852-6930(F)
인터넷서점	www.lifebook.co.kr